COLLECTION DE L'INSTITUT DE PHONÉTIQUE
ET DES ARCHIVES DE LA PAROLE

FASCICULE I

ÉTUDE EXPÉRIMENTALE

SUR LES

TONS DU CHINOIS

PAR

FU LIU

Docteur ès lettres de la Faculté de Paris.
Professeur à l'Université Nationale de Pékin.

PARIS
SOCIÉTÉ D'ÉDITION
" LES BELLES LETTRES "
95, BOULEVARD RASPAIL, 95

PÉKIN
PRESSES DE
L'UNIVERSITÉ NATIONALE
DE PÉKIN

1925

巴黎大學語音學院叢書第一種

劉復著

漢語字聲實驗錄

蔡元培題

DU MÊME AUTEUR

———

EN CHINOIS :

Introduction à la grammaire chinoise. 4e éd. Changaï, 1924.

Les Tons, études expérimentales. Changaï, 1924.

Poèmes, 1916-1924. *Sous presse.*

Contes et chansons populaires retrouvés dans les manuscrits de Toung-houang. *Sous presse.*

Traité de Phonétique expérimentale théorique et pratique. *En préparation.*

EN FRANÇAIS :

Les mouvements de la Langue nationale en Chine. Paris, 1925.

Quelques Chansons populaires chinoises. *En préparation.*

COLLECTION DE L'INSTITUT DE PHONÉTIQUE
ET DES ARCHIVES DE LA PAROLE

FASCICULE I

ÉTUDE EXPÉRIMENTALE

SUR LES

TONS DU CHINOIS

PAR

FU LIU

Docteur ès lettres de la Faculté de Paris.
Professeur à l'Université Nationale de Pékin.

PARIS
SOCIÉTÉ D'ÉDITION
"LES BELLES LETTRES"
95, BOULEVARD RASPAIL, 95

PÉKIN
PRESSES DE
L'UNIVERSITÉ NATIONALE
DE PÉKIN

1925

A LA MÉMOIRE

DE

JEAN POIROT
PROFESSEUR A LA SORBONNE

Les excellentes leçons de cet éminent professeur m'ont été du plus grand secours, tant pour le plan de ce travail que pour la méthode d'expérimentation que j'ai suivie. C'est lui qui m'a appris tout ce que je sais touchant la théorie phonétique. Je saisis cette occasion pour adresser ici à la mémoire de ce Maître vénéré l'hommage de ma reconnaissance la plus émue.

Fu Liu.

NOTES

——

1. — La transcription phonétique ne donne qu'une indication approximative.

2. — Pour l'explication des signes des sons, voir ma thèse complémentaire, *Les Mouvements de la Langue Nationale en Chine,* §§ 71-90, 95-99.

3. — Les quelques signes nouveaux qui ne se trouvent que dans cet ouvrage sont :

I. — *è*, voyelle naturelle du cantonais et du kiangyinois, variété de *e* moyen très bref.

II. — *ú*, voyelle kiangyinoise, variété de *u* moyen.

III. — *œ*, voyelle kiangyinoise et cantonaise, variété de *œ* fermé.

IV. — *i*, voyelle kiangyinoise, variété de *i* ouvert.

V. — *á*, voyelle kiangyinoise et cantonaise, variété de *a* fermé.

VI. — Une virgule placée avant un son quelconque indique que ce son doit se prononcer d'après la règle du « son obscur » en kiangyinois.

VII. — Les signes ⌣, ⌣, ⌣, placés au-dessous d'une consonne muette quelconque indiquent que cette consonne est prononcée, comme une consonne entièrement ou partiellement sonore, sans que celui qui l'émet en ait conscience.

Ainsi :

t, désigne un *t* sonore ;

7, désigne un *t* sonore au début ;
t, désigne un *t* sonore à la fin.

4. — Tous les sons se trouvent transcrits d'après le Dictionnaire de la Prononciation nationale (voir ma *Lang. Nat.*, §§ 55-56), sauf dans le cas où l'on étudie des sons dialectaux : ceux-ci sont alors transcrits d'après la prononciation des dialectes respectifs.

ÉTUDE EXPÉRIMENTALE

SUR LES

TONS DU CHINOIS

INTRODUCTION

Avis préliminaire.

1. — Dans le présent ouvrage je me suis efforcé de présenter, en les classant, les observations et les conclusions auxquelles aboutissent les recherches que j'ai faites, ces dernières années, sur les tons de ma langue maternelle. J'ai commencé ce travail en octobre 1920, à Londres, dans le laboratoire de phonétique expérimentale de l'University College. Mais les résultats obtenus me parurent insuffisants. Un an plus tard, je continuai à étudier cette question à Paris, à la Sorbonne, sous la direction de l'éminent Professeur Jean Poirot, à la mémoire de qui cette thèse est dédiée.

2. — Au début, je pensais que cette question des tons était assez simple; et je croyais qu'il suffirait de quelques mois pour comparer tous les tons dans les dialectes principaux, et qu'il serait possible de consigner ensuite les résultats de ces recherches dans un court article de revue. Mais, à mesure que mon travail progressait, la question me semblait plus complexe; il me fallut y consacrer beaucoup plus de temps que je ne l'avais pensé tout d'abord, et changer complètement le plan primitif de cet ouvrage. Au lieu d'étudier les tons de *tous* les dialectes principaux, j'ai préféré examiner minutieusement *quelques* dialectes, qui sont relativement les plus importants.

Telle qu'elle est, cette thèse ne saurait constituer un exposé complet de la question. Je reconnais que ce travail ne fait que poser les données essentielles du problème. Et je ne puis avoir la prétention de formuler des conclusions intangibles, comme s'il s'agissait d'un sujet dont toutes les parties auraient été définitivement envisagées.

Un peu d'histoire à propos de l'étude sur les tons.

3. — Bien que jusqu'ici on n'ait que des connaissances très limitées sur le chinois primitif, on est cependant sûr que les tons ont joué dans cette langue un rôle bien marqué, depuis un temps très ancien. En comparant les rimes de *S.-cien* 詩經, « Livre des poèmes », et celles *d'I-cien* 易經, « Livre des variations », on aperçoit assez clairement qu'il y a deux groupes qui ne se confondent jamais : le premier prend les sons qui, de nos jours, appartiennent au quatrième ton, et le deuxième, les sons des trois premiers tons actuels [1].

4. — Cependant, cet usage des tons était inconscient, c'est-à-dire qu'on les employait de façon convenable, mais sans en savoir la raison. *Ku-ian-u* 顧炎武 (du XVIIe siècle), dans son *Ien-luen* 音論, « Sur les sons », dit :

« Jusqu'à la dynastie *Xan* 漢 (206 av. J.-C. — 219), il n'y avait pas encore de termes comme *p'ien, şan, č'ü, ru* 平, 上, 去, 入 (1er, 2e, 3e et 4e tons). Mais dans *Kuen-ian-tşuan* 公羊傳 (ouvrage du ve siècle av. J.-C.), à la section de la 28e année de *Tşuan-kuen* 莊公, se trouvent deux phrases difficiles à comprendre. Ce sont : « *fa-ţşe uei k'ë* 伐者爲客, *fa-ţşe uei ţşu* 伐者爲主. *Xo-sieu* 何休 (du IIe siècle), dans son commentaire, nous dit que la première doit être expliquée ainsi : *celui qui attaque (quelqu'un) est le visiteur*, le mot *fa*

---

1. Mon collègue M. *Tsian-süan-t'uen* 錢玄同, professeur de phonologie chinoise à l'Université nationale de Pékin, en observant ce fait, conclut que, au temps de *San-tai* 三代 (les Trois Dynasties, 2205-247 av. J.-C.), il n'y avait que deux tons. Cette conclusion me semble trop affirmative, car dans les chansons populaires modernes, nous trouvons encore le même phénomène, c'est-à-dire que les sons du 4e ton forment un groupe de rimes, et ceux des trois premiers, un autre groupe. Pour expliquer ce fait, nous n'avons qu'à remarquer que les trois premiers tons se rapprochent plus ou moins les uns des autres, tandis que le 4e en est comparativement très éloigné. Par conséquent, tout en n'affirmant pas que les trois premiers tons modernes soient identiques, nous ne pouvons nous rallier à la conclusion de M. *Tsian-süan-t'uen*. (v. 錢玄同, 聲韻學講義上, 二, 四聲).

devant, dans le dialecte de la région *Tsi* 齊, se prononcer avec une longue, et que la deuxième doit se traduire : *celui qui est attaqué (par quelqu'un) est le maître*, le mot *fa* devant, dans le même dialecte, se prononcer avec une brève. *Xo-sieu*, ajoute *Ku-ian-u*, désigne comme longs les trois premiers tons de nos jours, et comme bref, le quatrième. »

5. — On peut conclure de cette citation que *Xo-sieu* est le premier qui ait aperçu dans notre langue des différences de quantité entre les sons. Mais il n'a appliqué son attention qu'à ce cas particulier, pour lequel il lui fallait trouver une explication. On en peut aisément déduire que nos ancêtres n'avaient point pris conscience du fait des tons, puisque même un grand érudit comme *Xo-sieu* ne les remarqua que dans un cas parculier.

6. — Dans *Uei-su* 魏書 (ouvrage de *Uei-seu* 魏收, de la dynastie *Pĕ-tsi* 北齊, 550-577), *Cian-s̩-tṣuan* 江氏傳 (Biographie de la famille *Cian*), on trouve la mention :

« *Lü-tsien* 呂靜, frère de *Lü-tṣen* 呂忱, de la dynastie *Tsien* 晉 (265-419) en adoptant la méthode de *ṣen-luei* 聲類, (classification des sons), de *Li-teṅ* 李登, écrivit un lexique sous le nom d'*Üen-tṣi* 韻集, (rimes classifiées). Cet ouvrage se compose de cinq volumes, qui portent respectivement les noms de *kueṅ* 宮, *ṣaṅ* 商, *cio* 角, *t̩ṣ̩* 徵, *ü* 羽. »

7. — M. *Tsian-süan-t'ueṅ* a considéré que cet ouvrage devait être un lexique fait d'après le système des tons, c'est-à-dire que les dites « rimes classifiées » devaient être les « tons classifiés ». Il a soutenu que les volumes *kueṅ* et *ṣaṅ* comprendraient des mots du 1er ton ; le volume *t̩ṣ̩*, ceux du 2e ; le volume *ü*, ceux du 3e ; et le volume *cio*, ceux du 4e. Il a tiré cette conclusion du fait que les mots *kueṅ* et *ṣaṅ* se prononcent au 1er ton ; *t̩ṣ̩*, au 2e ; *ü*, au 3e (d'après le *Kuaṅ-üen* 廣韻, « Dictionnaire phonétique » du XIe siècle ; la prononciation moderne de ce mot est au 2e ton) ; et *cio*, au 4e. Il a expliqué aussi que, si deux volumes sont consacrés au 1er ton, c'est simplement parce que les mots de ce ton sont plus nombreux que ceux des autres [1].

---

1. Ibid.

8. — La chose n'est pas impossible ; mais comme on n'a pu découvrir d'autres documents pour appuyer cette conclusion, elle repose sur de bien faibles indices. Nous trouvons, dans notre littérature, des auteurs qui ont l'habitude d'employer certaines séries de mots pour indiquer l'ordre des volumes d'un ouvrage : un ouvrage de deux volumes peut être indiqué par 上 et 下 ; de trois volumes, par 上, 中, 下 ; de 4, par 元, 亨, 利, 貞 ; de 5 par 金, 木, 水, 火, 土, ou par 宮, 商, 角, 徵, 羽 ; de 6, par 禮, 樂, 射, 御, 書, 數 ; de 8, par 金, 石, 絲, 竹, 匏, 土, 革, 木 ; de 10, par 甲, 乙, 丙, 丁, 戊, 己, 庚, 辛, 壬, 癸 ; de 12 par 子, 丑, 寅, 卯, 辰, 巳, 午, 未, 申, 酉, 戌, 亥, etc. Les mots ainsi employés n'ont aucun rapport avec l'ouvrage, ni même avec les volumes séparés ; ils ne font que remplacer les chiffres 1, 2, 3..... Il se pourrait que M. *Tsian-süan-t'uen*, en se fondant sur un fait semblable pour étudier ces cinq mots dans leurs applications, ait fait complètement fausse route.

9. — De plus, il faut prendre garde à l'usage erroné des mots — fait assez curieux, mais qui se produit assez souvent dans la littérature chinoise. Dans notre cas, les cinq mots en question étaient originairement les noms donnés aux diverses notes de la gamme musicale, soit les équivalents approximatifs de *ut, ré, mi*, *sol, la* du système européen. Mais, quand ils étaient mal employés et mal appliqués à l'occasion de l'étude de l'articulation phonétique, ils devenaient inintelligibles, comme dans le document suivant :

Pour (avoir l'articulation des sons dans) le groupe *kuen*, mettez votre langue au milieu de la bouche ;
Pour le groupe *san*, ouvrez la bouche.
Pour le groupe *ts*, appliquez la langue contre les dents ;
Pour le groupe *ü*, arrondissez les lèvres ;
Pour le groupe *cio*, repliez la langue à l'intérieur de la bouche [1].

On voit tout de suite qu'il n'y a aucun rapport entre les diverses

---

1. 欲知宮，舌居中；欲知商，口開張；欲知徵，舌拄齒；欲知羽，撮口聚；欲知角，舌縮却.

articulations traitées par l'auteur et les noms qu'il leur a donnés [1].

10. — Ce document se trouve dans certains petits traités des sons, de la dynastie *T'aṅ* 唐 (618-906). Cette époque étant considérablement éloignée déjà de celle de *Lü-tšieṅ*, il est très difficile de prétendre que ces deux séries de *kueṅ*, *šaṅ*, *cio*, *ts:*, *ü*, aient comporté une même articulation. Et, comme la mauvaise appropriation des mots s'est fait sentir dans la littérature chinoise depuis des temps très anciens, sans qu'on puisse circonscrire les limites de cet usage défectueux, il est fort possible que *Lü-tšieṅ* ait rapporté les cinq mots en question à un autre phénomène phonétique, qui ne concerne ni les tons ni l'articulation.

11. — Je n'ai point l'intention de renverser l'hypothèse de M. *Tsian-šüan-t'ueṅ*. Ce que je veux dire, c'est que cette hypothèse est encore incertaine. Tant qu'il en sera ainsi, mieux vaudra dire :

Jusqu'au temps de *Lü-tšieṅ* (y compris ce temps-là), les tons, dans la langue chinoise, étaient employés d'une façon plus ou moins inconsciente.

Dans la présente monographie, nous appellerons cette période LA PREMIÈRE PÉRIODE DE L'ÉTUDE SUR LES TONS.

12. — LA DEUXIÈME PÉRIODE date de la fin du ve siècle. On y trouve *Şen-io* 沈約, aujourd'hui reconnu comme le père de l'étude sur les tons, *Ţşeu-üeṅ* 周顒, son ami, et plusieurs autres, mentionnés dans les documents suivants :

Nan-ş:, *Lu-cüe-ţşuan* 南史, 陸厥傳, « Histoire des Dynasties du Sud (420-588), Biographie de *Lu-cüe* » : — « A la fin de la période d'*Ueṅ-mieṅ* 永明 (483-493), il y eut un grand progrès dans notre littérature ; les maîtres connus furent : *Şen-io*, de *U-šieṅ* 吳興 ; *Sie-t'iau* 謝朓, de *Ţşen-cüen* 陳郡 ; *Uaṅ-üeṅ* 王融, de *Laṅ-ie* 琅邪, qui, par amitié et par esprit littéraire, formèrent une même école.

---

1. Ce fait peut être dû à la paresse de l'auteur. Comme il ne voulait pas chercher lui-même des termes propres, il s'est servi de termes inexacts. Mais il est possible que ces emprunts aient été faits intentionnellement, car certains auteurs, influencés par les écrivains Taoïstes, avaient l'habitude de jouer sur le sens mystérieux des mots, pour paraître savoir à quoi s'en tenir sur leur véritable théorie.

En outre, nous ne devons pas oublier *Tšeu-üen*, de *Ru-nan* 汝南, qui n'était pas seulement un homme de lettres, mais aussi un maître de musique. Sous l'influence de ce dernier, tous les écrits de *Šen-io* et de ses amis furent composés de telle manière que tous les éléments dont ils se servaient y fussent harmoniquement groupés. Ils classaient les sons en quatre tons, auxquels ils donnèrent les noms de *p'ien, šan, c'ü, ru*. En se basant sur cette classification, les rimes peuvent être exactement rendues. Les écrits de ce genre sont connus sous le nom d'*Üen-mien-t'i* 永明體, (style de la période d'*Üen-mien*). »

13. — *Ibid.*, *Šen-io-tšuan* 沈 約 傳, « Biographie de *Šen-io* » : — « *Šen-io*, après avoir écrit son *S:-šen-p'u* 四 聲 譜, "Traité des quatre tons", déclara qu'il avait trouvé la clef du secret de la poésie, ce que les poètes d'autrefois avaient cherché en vain depuis plus de mille ans ! Il alla même jusqu'à croire que son ouvrage servirait d'interprète entre Dieu et l'homme. Mais l'empereur *Lian-u-ti* 梁 武 帝 (502-549), étant lui-même un maître en littérature, ne lui fit pas confiance sur ce point. Il demanda un jour à *Tšeu-še* 周 捨, ami de *Šen-io* :

— Que sont les quatre tons ?

— Ce sont, répondit ce dernier, par exemple les divers tons des quatre mots arrangés méthodiquement dans la phrase suivante : *t'ian-tš: šen-tše* 天 子 聖 哲, "le Fils du ciel (l'empereur) est prudent et savant".

Toutefois, l'empereur ne se conforma pas, dans ses écrits, au principe de *Šen-io.* »

14. — Outre l'ouvrage de *Šen-io*, il y a eu encore deux autres œuvres du même genre écrites par ses contemporains : l'une s'intitule *S:-šen tsie-üen* 四 聲 切 韻, « Les quatre tons, appliqués à l'étude des rimes », de *Tšeu-üen*, mentionné ci-dessus [1] ; l'autre est *S:-šen-luen* 四 聲 論, « Sur les quatre tons », de *Uan-pien* 王 斌, écrivain dont on sait peu de chose [2].

15. — Ces trois ouvrages ont malheureusement disparu aujour-

---

1. 南 史 周 顒 傳
2. Ibid, 陸 厥 傳

d'hui. Ce qui nous reste de ces littérateurs savants, ce sont simplement les quatre noms des tons : *p'ien, san, c'ü, ru*, et le petit exemple
donné à l'empereur *Lian-u-ti* par *Tšeu-se : t'ian-tš: sen-tše*. Nous ne
pouvons savoir, ni quelle fut leur théorie, ni même lès définitions
qu'ils donnèrent des divers tons.

16. — La tradition nous a transmis deux *ko-cüe*, 歌訣, (méthode
simplifiée en forme de petit poème), destinés à indiquer les
qualités des tons et qui se trouvent dans les préfaces des dictionnaires et dans de petits traités des sons. Voici ce que nous dit
l'un d'eux :

Le *p'ien-sen* marche sur une voie unie : il ne monte ni ne descend.

Le *san-sen* est un son aigu : il est vigoureux, perçant et fort.

Le *c'ü-sen* est un son clair, que l'on prononce comme si on était
triste en pensant à un être aimé éloigné.

Le *ru-sen* est un son bref et pressé, prononcé comme si on avait
hâte de rentrer chez soi [1].

17. — Et voici ce que dit l'autre :

Le *p'ien-sen* exprime un sentiment grave, mais avec aisance ;

Le *san-sen* est un son vigoureux qui monte ;

Le *c'ü-sen* est un son clair et éloigné ;

Le *ru-sen* est un son uni et bref [2].

Évidemment de telles explications ne sont pas scientifiques ;
elles correspondent à des conceptions purement subjectives, c'est-
à-dire à des illusions psychologiques, qui ont peu de rapport avec
les tons dont il est question.

18. — Nous ignorons l'origine de ces deux documents. A en
juger par leur style et leur vocabulaire, il est fort probable
qu'ils ont été écrits, soit dans la période d'*U-tai* 五代, (Les Cinq

1. 平聲平道莫低昂
　上聲高呼猛烈強
　去聲分明思遠道
　入聲急促易收藏
2. 平聲哀而安
　上聲厲而舉
　去聲清而遠
　入聲直而促

Dynasties, 907-959), soit sous la dynastie *Sueṅ* 宋 (960-1276). Bien qu'ils ne soient pas scientifiques, ils ont rendu beaucoup de services dans l'enseignement des tons. C'est à l'aide de l'un ou de l'autre de ces deux petits poèmes, et de quelques exemples choisis, qu'un professeur d'autrefois donnait des leçons de tons à ses élèves ; il n'avait pas d'autre moyen à sa disposition,

19. — On possède très peu de documents de cette sorte dans les ouvrages anciens. Toutefois, *Tṣeṅ-tsiau* 鄭樵 (1104-1162) a donné dans son célèbre ouvrage intitulé *T'ueṅ-tṣ:* 通志, « Histoire encyclopédique », livre XXXVI, un article destiné à expliquer les tons. Écrit par un érudit d'extraordinaire talent, cet article est néanmoins sans valeur. Il me semble que l'auteur ne savait rien de la théorie des tons : il les a confondus tantôt avec l'articulation, tantôt avec la « classification des rimes »[1] ; pour tout dire, au lieu de nous faire mieux comprendre l'usage et le principe des tons, il n'a réussi qu'à y apporter de la confusion. Aussi, je n'en citerai rien.

20. — Nous pouvons avancer, sans crainte d'erreur, que les phonologues de l'école classique ont négligé la théorie des tons. *Ku-ian-u*, le père de cette école, ne dit que ceci :

« Les prononciations des différentes régions diffèrent l'une de l'autre considérablement ; l'une peut être plus ou moins rapide et forte, l'autre plus ou moins lente et faible. En un mot, même chez une seule personne, la prononciation n'est pas toujours pareille. Quand on parle vite et fortement, on se sert des trois derniers tons ; mais quand on parle lentement et faiblement, on se sert du premier[2] ».

21. — De *Ku-ian-u* à nos jours, il s'est passé trois cents ans, qu'on appelle aujourd'hui « la période d'or de la phonologie », et il ne nous apparaît pas que la théorie des tons ait préoccupé les divers savants, pas même M. *Tṣaṅ-pieṅ-lien* 章炳麟, le plus grand des maîtres vivants. M. *Tsian-süan-t'ueṅ*, son premier élève, n'en dit que ceci :

---

1. V. ma *Lang. Nat.*, §§ 104 et suivants.

2. 音論.

« Il y a des sons longs et des sons brefs, des sons rapides et des sons lents, c'est de là que dérivent les quatre tons [1]. »

C'est la raison pour laquelle si on pose la question : « Qu'est-ce que les tons ? » à n'importe quel phonologue de l'école classique, il ne saura pas y répondre.

22. — Ce fait est évidemment dû à ce que la musique et l'éducation musicale en Chine ont été négligées depuis assez longtemps, et que, par conséquent, on ne trouve, parmi les littérateurs ou parmi les savants, presque personne qui puisse être regardé comme ayant une « oreille musicale », chose indispensable pour l'étude des tons.

23. — On peut donc considérer que, depuis le temps de *Sen-io* jusqu'au dernier siècle, les tons ont été employés d'une façon consciente dans notre langue, surtout en littérature, mais que leur qualité n'a pu être scientifiquement étudiée.

24. — La PÉRIODE suivante, qui est la TROISIÈME, fut inaugurée par les sinologues européens. Dans les ouvrages qu'ils ont écrits sur la langue chinoise, on trouve souvent des chapitres sur les tons. Grâce à leur « oreille musicale », ils ont compris et ils nous ont fait comprendre, pour la première fois, toute l'importance de la hauteur musicale dans cette question des tons. Partant de ce principe, ils ont expliqué ces derniers, soit par des indications simples : sons unis, sont montants, etc., tel est, par exemple, le cas de M. des Michels [2] ; soit au moyen de la portée musicale, tel est le cas de M. Courant [3]. Que ce soit suffisant ou non, exact ou inexact, peu importe ; l'apport de valeur a été ici la méthode scientifique.

25. — Plus tard, quelques auteurs, grâce à la science nouvelle de la phonétique expérimentale, ont fait des recherches encore plus savantes sur les tons. L'un d'eux est M. Bernhard Karlgren. Dans ses *Études sur la phonologie chinoise* [4], il donne, p. 267, un diagramme représentant les quatre tons du pékinois. Bien qu'une seule expérience ne soit jamais suffisante, et que le choix du sujet

---

1. 聲韻學講義上，二.
2. *Du système des intonations chinoises et de ses rapports avec celui des intonations annamites.* Journal Asiatique, 1869.
3. *Langue chinoise parlée*, Paris, 1914.
4. Vol. 15 des Archives d'Études orientales. Stockholm, 1915.

(employé d'une maison chinoise près de Paris) soit critiquable, on y retrouve l'esprit de la méthode scientifique.

26. — Nous avons enfin, maintenant, des phonéticiens qui, influencés par les sinologues européens, s'occupent d'étudier les tons selon une méthode rénovatrice. Dans les livres sur le *Kuo-ü* 國語, « La Langue nationale », publiés à partir de 1920, les cinq tons de ce langage sont souvent représentés par :   .

$$(1) \leftarrow\!\!\!\text{«} \quad (2) \smallsmile \quad (3) \frown \quad (4) \frown \quad (5) \downarrow$$

Les quatre tons du pékinois ont été étudiés aussi par M. *Tšau-üan-ren* (Y. R. Chao) 趙元任, qui, à l'aide d'un instrument à cordes, connu sous le nom de « violon du Tartare », est arrivé à les représenter ainsi [1] :

$$(1) \,\overline{}\, \quad (2) \diagup \quad (3) \diagdown\!\!\diagup \quad (4) \diagdown$$

Un autre auteur, M. *Tšaǹ-i-xan*, 張毅漢, a imaginé que les neuf tons du cantonais étaient les suivants [2] :

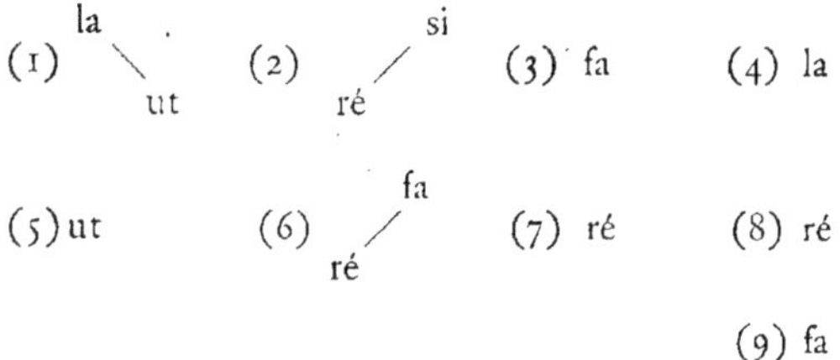

Naturellement, de telles suggestions sont peu exactes ; mais, si on les compare à celles des phonologues de l'école classique, elles marquent un progrès considérable.

27. — Encouragé par ce qu'a dit M. Karlgren, *Ibid.*, page 269 : « De vastes champs de travail attendent ici la phonétique expérimentale », et pensant que c'est à nous, Chinois, qu'incombe le

---

1. 國語月刊第八期.

2. D'après une lettre que m'a écrite M. *U-cieǹ-xeǹ* 吳敬恒, le 30 juillet 1922.

devoir de travailler, et de travailler de notre mieux, sur la langue chinoise, ainsi que sur tout ce qui concerne la Chine, j'ai cru devoir choisir ce sujet, bien qu'il soit étroitement limité.

28. — Tel est le but de ce travail. Il s'essaie à compléter les données encore insuffisantes de cette troisième période, qu'on pourrait appeler la période des recherches scientifiques sur les tons. Pour le moment, nous sommes encore loin d'aboutir. Je l'ai dit plus haut (§ 2), cette thèse n'est point un traité complet et définitif.

29. — Nous pouvons prédire qu'il y aura une QUATRIÈME PÉRIODE, dans laquelle on appliquera à la linguistique les résultats de ces recherches scientifiques. Nombreuses sont les questions qui restent ainsi à résoudre : Quels sont les tons primitifs, et quelle en est l'origine ? Comment et à quel degré les changements des tons ont-ils influencé le vocabulaire et la structure grammaticale des divers dialectes, et vice versa ? Peut-on, en comparant les tons dans la langue chinoise et dans les langues voisines de la même catégorie, l'annamite par exemple, découvrir des affinités linguistiques qui correspondent mieux à la réalité des faits que les hypothèses émises auparavant ? etc.

La Méthode.

30. — A propos de la méthode d'expérimentation et de calcul, j'avoue que je n'y ai ajouté rien de nouveau [1]. Ce que j'ai adopté, c'est la méthode bien connue de la phonétique expérimentale. Elle exige beaucoup de temps, de travail et de peine, surtout lorsqu'il s'agit de procéder à de nombreuses expériences ; mais en même temps, elle est simple et facile.

31. — Pour enregistrer les sons, je me suis servi d'un appareil à mouvement électrique du Laboratoire de Phonétique expérimentale de la Sorbonne ; la vitesse rotative du cylindre va de 130 à 200 mm. par seconde, ce qui est grandement suffisant pour étudier la longueur et la hauteur musicale du son.

1. Voir l'Appendice.

32. — Pour mesurer le temps, je me sers d'un électro-diapason à chaque expérimentation. Ce diapason donne 50 V.D. à la seconde. En prenant sur les tracés 10 ou 15 fois la longueur de chaque 50 V.D., et en divisant par 10 ou 15 la somme de ces longueurs, j'obtiens la vitesse moyenne.

33. — Pour bien enregistrer les vibrations de la voix, j'emploie exclusivement des petits tambours de 15 mm. de diamètre.

Un seul tambour bien choisi suffit dans la plupart des cas. Sauf nécessité absolue, j'emploie rarement plusieurs tambours à la fois.

34. — Afin d'enregistrer les vibrations des sons nasals aussi nettement que celles des sons ordinaires, le professeur Jean Poirot a fait faire un masque manométrique spécialement à mon usage.

35. — Pour mesurer les tracés, deux petits instruments sont indispensables : une loupe qui grossit au décuple et une petite règle en verre, graduée au dixième de millimètre. Quand on a l'habitude de travailler avec ces instruments, le centième de millimètre peut être approximativement déterminé sans difficulté. Toutefois, je n'ai fait de mesures que jusqu'à 0,1 mm.

36. — Étant données la vitesse rotative moyenne du cylindre (V) et la longueur d'un son ou d'un élément d'un son (L), la durée de ce dernier (D) est évidemment :

$$D = \frac{L}{V}$$

Soit V. = 120 mm.

L = 60 mm.

$$D = \frac{60}{120} = 0,5 \text{ seconde.}$$

37. — La fréquence d'une vibration quelconque (F) est calculée par la formule :

$$F = \frac{V}{l}$$

l étant la longueur de cette vibration mesurée sur le tracé.

Soit V = 150 mm.

l = 2,5 mm.

$$F = \frac{150}{2,5} = 60 \text{ V.D par sec.,}$$ donc un peu plus bas que si_0, qui est 61,03.

38. — Pour les rendre plus perceptibles à l'œil et plus faciles à comparer, tous les résultats obtenus sont graphiquement représentés. Cela se fait sur un papier quadrillé au millimètre. On représente la hauteur musicale du son dans le sens vertical (l'ordonnée), et la durée, autrement dit, la quantité, dans le sens horizontal (l'abscisse).

39. — Sur l'ordonnée, on prend chaque 10 mm. pour représenter un ton entier de la gamme tempérée, et par suite, on a

chaque 5 mm. = 1 demi-ton,

et chaque 1 mm. = $\frac{1}{5}$ de demi-ton, soit 5 millisavarts.

40. — Dans la Table I, colonnes DT et VD, on donne les indices et les fréquences correspondantes de tous les demi-tons — du la_3 = 435,0 à l'ut_0 = 32,3 — un intervalle de $3\frac{10}{12}$ octaves, étant suffisant pour la voix parlée normale de l'homme et de la femme.

Colonne L, les logarithmes de ces fréquences : log 435 = 2,6385 ; log 410,6 = 2,6134, etc.

Colonne D, les différences par chaque groupe consécutif de deux logarithmes : 2,6385 — 2,6134 = 0,0251 ; 2,6134 — 2,5883 = 0,0251, etc.

Colonne d, les cinquièmes de ces différences : $\frac{0,0251}{5}$ = 0,00502, etc.

41. — La Table II se dresse de la manière suivante :

2,6385 = log 435,0 = la_3
2,6385 — 0,00502 = 2,6335 = log 430,0,
2,6335 — 0,00502 = 2,6285 = log 425,1,
2,6285 — 0,00502 = 2,6234 = log 420,2,
2,6234 — 0,00502 = 2,6184 = log 415,4,
2,6184 — 0,00502 = 2,6134 = log 410,6 = $sol^\sharp_3$, etc.

42. — Cette table une fois établie, il est très facile de fixer les points sur le papier, en vue de tracer la courbe. Soit une fréquence de

TABLE I

DT.	VD.	L.	D.	d.
la₃	435,0	2,6585		
			0,0251	0,00502
sol♯₃	410,6	2,6134		
			0,0251	0,00502
sol₃	387,5	2,5883		
			0,0250	0,00500
fa♯₃	365,8	2,5633		
			0,0251	0,00502
fa₃	345,3	2,5382		
			0,0251	0,00502
mi₃	325,9	2,5131		
			0,0251	0,00502
ré♯₃	307,6	2,4880		
			0,0252	0,00504
ré₃	290,3	2,4628		
			0,0250	0,00500
ut♯₃	274,0	2,4378		
			0,0250	0,00500
ut₃	258,7	2,4128		
			0,0252	0,00504
si₂	244,1	2,3876		
			0,0252	0,00504
la♯₂	230,4	2,3624		
			0,0249	0,00498
la₂	217,5	2,3373		
			0,0251	0,00502
sol♯₂	205,3	2,3124		
			0,0250	0,00500
sol₂	193,8	2,2874		
			0,0252	0,00504
fa♯₂	182,9	2,2622		
			0,0252	0,00504
fa₂	172,6	2,2370		
			0,0251	0,00502
mi₂	162,9	2,2119		
			0,0250	0,00500
ré♯₂	153,8	2,1869		
			0,0249	0,00498
ré₂	145,2	2,1620		
			0,0253	0,00506
ut♯₂	137,0	2,1367		
			0,0251	0,00502
ut₂	129,3	2,1116		
			0,0249	0,00498

TABLE 1 (*suite*)

DT.	VD.	L.	D.	d.
si$_1$	122,1	2,0867		
			0,0252	0,00504
la$_1$♯	115,2	2,0615		
			0,0248	0,00496
la$_1$	108,8	2,0367		
			0,0252	0,00504
sol$_1$♯	102,7	2,0115		
			0,0252	0,00504
sol$_1$	96,9	1,9863		
			0,0249	0,00498
fa$_1$♯	91,5	1,9614		
			0,0254	0,00508
fa$_1$	86,3	1,9360		
			0,0248	0,00496
mi$_1$	81,5	1,9112		
			0,0253	0,00506
ré$_1$♯	76,9	1,8859		
			0,0250	0,00500
ré$_1$	72,6	1,8609		
			0,0252	0,00504
ut$_1$♯	68,5	1,8357		
			0,0248	0,00496
ut$_1$	64,7	1,8109		
			0,0256	0,00512
si$_0$	61,0	1,7853		
			0,0249	0,00498
la$_0$♯	57,6	1,7604		
			0,0248	0,00496
la$_0$	54,4	1,7356		
			0,0255	0,00510
sol$_0$♯	51,3	1,7101		
			0,0253	0,00506
sol$_0$	48,4	1,6848		
			0,0249	0,00498
fa$_0$♯	45,7	1,6599		
			0,0244	0,00488
fa$_0$	43,2	1,6355		
			0,0259	0,00518
mi$_0$	40,7	1,6096		
			0,0241	0,00482
ré$_0$♯	38,5	1,5855		
			0,0256	0,00512
ré$_0$	36,3	1,5599		
			0,0246	0,00492
ut$_0$♯	34,3	1,5353		
			0,0261	0,00522
ut$_0$	32,3	1,5092		

185 V.D., on fait un point sur la première ligne au-dessus de la ligne qu'on prend comme fa$\sharp_2$ = 182,9 ; 187 sera sur la deuxième ; 186, entre la première et la deuxième ; etc.

43. — Dans la pratique, on peut encore diminuer cette échelle de moitié, c'est-à-dire qu'on prend :

5 mm. pour 1 ton entier ;

$2\ \dfrac{1}{2}$ mm. pour 1 demi-ton ;

1 mm. pour $\dfrac{2}{5}$ de demi-ton, soit 10 millisavarts.

Suivant ce procédé, j'ai fait imprimer en caractère **gras** dans la Table II tous les deuxièmes chiffres à partir de ut_0 = 32,3. Grâce à quoi, on peut ainsi voir très clairement que, si l'on prend une ligne

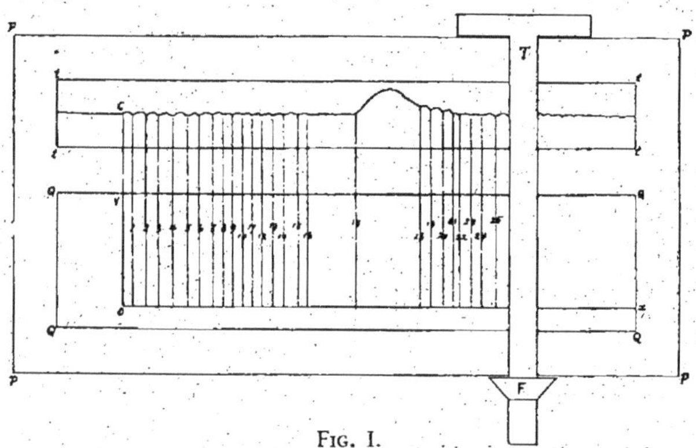

Fig. I.

horizontale quelconque sur le papier quadrillé telle que l'ut_0 = 32,3, la première ligne au-dessus doit porter une fréquence de 33,1 V.D. ; la deuxième de 33,9 ; la troisième de 34,7 ; la quatrième de 35,5 ; la cinquième de 36,3 = $ré_0$, etc.

44. Pour représenter la durée, quand il ne s'agit que de la durée pure, c'est bien simple. On peut, par exemple, prendre 50 mm. sur l'abscisse, représentant l'unité de temps : la seconde. On a donc :

$$5\ \text{mm.} = \frac{1}{10}\ \text{de sec.} ; \quad 1\ \text{mm.} = \frac{1}{50}\ \text{de sec., etc.}$$

TABLE II

DT.	V.	L.
la$_3$	435,0	2,6385
	430,0	2,6335
	425,1	2,6285
	420,2	2,6234
	415,4	2,6184
sol$_3$♯	410,6	2,6134
	405,9	2,6084
	401,3	2,6034
	396,6	2,5983
	392,0	2,5933
sol$_3$	387,5	2,5883
	383,1	2,5833
	378,7	2,5783
	374,4	2,5733
	370,1	2,5683
fa$_3$♯	365,8	2,5633
	361,6	2,5583
	357,5	2,5533
	353,4	2,5482
	349,3	2,5432
fa$_3$	345,3	2,5382
	341,4	2,5332
	337,5	2,5282
	333,5	2,5231
	329,7	2,5181
mi$_3$	325,9	2,5131
	322,1	2,5081
	318,4	2,5030
	314,8	2,4980
	311,2	2,4930
ré$_3$♯	307,6	2,4880
	304,1	2,4830
	300,5	2,4779

DT.	V.	L.
	297,1	2,4729
	293,6	2,4678
ré$_3$	290,3	2,4628
	286,9	2,4578
	283,6	2,4528
	280,4	2,4478
	277,2	2,4428
ut$_3$♯	274,0	2,4378
	270,9	2,4328
	267,8	2,4278
	264,7	2,4228
	261,7	2,4178
ut$_3$	258,7	2,4128
	255,8	2,4078
	252,7	2,4027
	249,9	2,3977
	246,9	2,3926
si$_2$	244,1	2,3876
	241,4	2,3827
	238,5	2,3775
	235,8	2,3725
	233,0	2,3674
la$_2$♯	230,4	2,3624
	227,7	2,3574
	225,1	2,3524
	222,6	2,3475
	220,3	2,3425
la$_2$	217,5	2,3375
	215,0	2,3325
	212,5	2,3275
	210,1	2,3224
	207,7	2,3174

DT.	V.	L.
sol$_2$♯	205,3	2,3124
	203,0	2,3074
	200,6	2,3024
	198,4	2,2974
	196,1	2,2924
sol$_2$	193,8	2,2874
	191,6	2,2824
	189,3	2,2773
	187,2	2,2723
	185,0	2,2672
fa$_2$♯	182,9	2,2622
	180,8	2,2572
	178,6	2,2521
	176,6	2,2471
	174,6	2,2420
fa$_2$	172,6	2,2370
	170,6	2,2320
	168,7	2,2270
	166,6	2,2219
	164,7	2,2169
mi$_2$	162,9	2,2119
	161,0	2,2069
	159,2	2,2019
	157,3	2,1969
	155,5	2,1919
ré$_2$♯	153,8	2,1869
	152,0	2,1819
	150,3	2,1769
	148,6	2,1720
	146,9	2,1670
ré$_2$	145,2	2,1620
	143,5	2,1569
	141,9	2,1519

DT.	V.	L.
	140,3	2,1468
	138,7	2,1418
ut$_2$♯	137,0	2,1367
	135,4	2,1317
	133,9	2,1267
	132,3	2,1216
	130,8	2,1166
ut$_2$	129,3	2,1116
	127,8	2,1066
	126,4	2,1016
	124,9	2,0967
	123,5	2,0917
si$_1$	122,1	2,0867
	120,7	2,0817
	119,3	2,0766
	118,0	2,0716
	116,5	2,0665
la$_1$♯	115,2	2,0615
	113,9	2,0565
	112,7	2,0516
	111,4	2,0466
	110,1	2,0417
la$_1$	108,8	2,0367
	107,6	2,0317
	106,3	2,0266
	105,1	2,0216
	103,9	2,0165
sol$_1$♯	102,7	2,0115
	101,5	2,0065
	100,3	2,0014
	99,2	1,9964
	98,0	1,9913

DT.	V.	L.
sol$_1$	96,9	1,9863
	95,8	1,9813
	94,7	1,9763
	93,6	1,9714
	92,6	1,9664
fa$_1$♯	91,5	1,9614
	90,4	1,9563
	89,4	1,9512
	88,4	1,9462
	87,3	1,9411
fa$_1$	86,3	1,9360
	85,3	1,9310
	84,5	1,9261
	83,4	1,9211
	82,5	1,9162
mi$_1$	81,5	1,9112
	80,6	1,9061
	79,6	1,9011
	78,7	1,8960
	77,8	1,8910
ré$_1$♯	76,9	1,8859
	76,0	1,8809
	75,2	1,8759
	74,3	1,8709
	73,4	1,8659
ré$_1$	72,6	1,8609
	71,8	1,8559
	70,9	1,8508
	70,1	1,8458
	69,3	1,8407
ut$_1$♯	68,5	1,8357
	67,7	1,8307
	67,0	1,8258

DT.	V.	L.
	66,2	1,8208
	65,5	1,8159
ut$_1$	64,7	1,8109
	64,0	1,8058
	63,2	1,8007
	62,3	1,7955
	61,7	1,7904
si$_0$	61,0	1,7853
	60,3	1,7803
	59,6	1,7753
	58,9	1,7704
	58,3	1,7654
la$_0$♯	57,6	1,7604
	56,9	1,7554
	56,3	1,7505
	55,7	1,7455
	55,0	1,7406
la$_0$	54,4	1,7356
	53,8	1,7305
	53,1	1,7254
	52,5	1,7203
	51,9	1,7152
sol$_0$♯	51,3	1,7101
	50,7	1,7050
	50,1	1,7000
	49,5	1,6949
	49,0	1,6899
sol$_0$	48,4	1,6848
	47,8	1,6798
	47,3	1,6748
	46,8	1,6699
	46,2	1,6649

DT.	V.	L.
fa$_0$♯	45,7	1,6599
	45,2	1,6550
	44,7	1,6501
	44,2	1,6453
	43,7	1,6404
fa$_0$	43,2	1,6355
	42,7	1,6303
	42,2	1,6251
	41,7	1,6200
	41,2	1,6148
mi$_0$	40,7	1,6096
	40,3	1,6048
	39,8	1,6000
	39,4	1,5951
	38,9	1,5903
ré$_0$♯	38,5	1,5855
	38,1	1,5804
	37,6	1,5753
	37,2	1,5701
	36,7	1,5650
ré$_0$	36,3	1,5599
	35,9	1,5550
	35,5	1,5501
	35,1	1,5451
	34,7	1,5402
ut$_0$♯	34,3	1,5353
	33,9	1,5301
	33,5	1,5249
	33,1	1,5196
	32,7	1,5144
ut$_0$	32,3	1,5092

45. — Mais, quand il s'agit de représenter la durée et la hauteur musicale en même temps (ce que j'avais à faire dans la plupart des cas), il n'y a pas de méthode absolument exacte. La Figure I illustre mon procédé :

PPPP,   planche à dessin.

tttt,   tracé.

QQQQ,   papier quadrillé.

   T,   Té.

   F,   fixe-té.

   C,   commencement d'un son ou d'une phrase.

 OY,   ordonnée.

 OX,   abscisse.

1, 2, 3, 4..., lignes parallèles à l'ordonnée et perpendiculaires à l'abscisse. La distance entre chacune d'elles correspond approximativement à la longueur, soit d'une vibration, soit d'une consonne muette, soit d'une pause.

46. — Je ne pense pas qu'avec ce procédé l'on puisse reproduire exactement la longueur de chaque vibration. Comme l'œil nu ne saurait voir jusqu'au dixième de millimètre, des erreurs sont inévitables : une vibration de 2,4 mm. de longueur peut être reproduite, ou bien par 2.3, 2.2, ou bien par 2.5, 2.6, ou même encore d'une façon plus inexacte. Mais, si l'on compare les divers points de la courbe, on voit tout de suite quel est, à tout prendre, l'avantage de ce procédé.

47. — Soit à représenter graphiquement dix vibrations dont le rapport des longueurs est :

10   10   15   20   25   15   15   20   10   10

et le rapport des fréquences :

30   30   20   15   12   20   20   15   30   30

En employant mon procédé, on aura une courbe comme celle de la Figure II-A. Malgré des erreurs plus ou moins grandes, elle est toujours à peu près la même. Mais, si l'on considère toutes les vibrations d'une même longueur (comme on le fait parfois) et que, pour le cas présent, on prenne 15 comme longueur unique de toutes les vibrations, la courbe obtenue sera celle de la Figure II-B, évidemment beaucoup plus inexacte que la première.

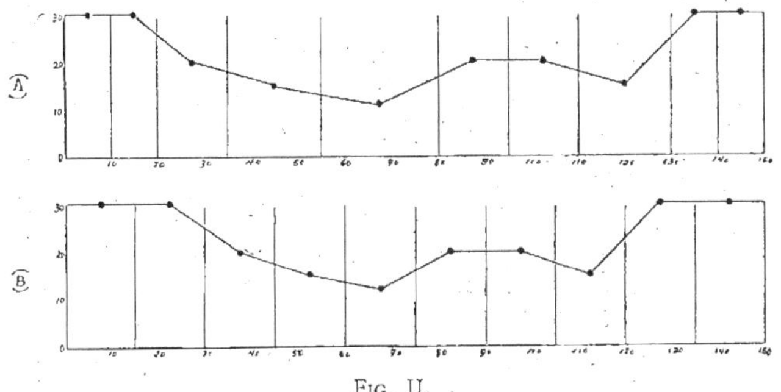

Fig. II.

48. — Voici un exemple concret :

tuñ, du troisième ton du dialecte de *Tšieñ-të* 旌德, prononcé par M. *Ciañ-s̩-i* 江世義 (v. § 105).

TABLE III

	L.	V. D.		L.	V. D.		L.	V. D.		L.	V. D.
1	20	96	20	21	91	39	18	106	58	18	106
2	16	119	21	21	91	40	21	91	59	17	112
3	18	106	22	22	87	41	19	101	60	18	106
4	17	112	23	22	87	42	19	101	61	18	106
5	19	101	24	21	91	43	19	101	62	18	106
6	19	101	25	21	91	44	19	101	63	18	106
7	18	106	26	21	91	45	18	106	64	16	119
8	19	101	27	20	96	46	19	101	65	18	106
9	19	101	28	22	87	47	19	101	66	18	112
10	19	101	29	22	87	48	18	106	67	17	112
11	19	101	30	21	91	49	17	112	68	17	112
12	19	101	31	19	101	50	19	101	69	16	119
13	19	101	32	21	91	51	19	101	70	17	112
14	20	96	33	21	91	52	17	112	71	17	112
15	19	101	34	21	91	53	18	106	72	17	112
16	21	91	35	20	96	54	18	106	73	17	112
17	20	96	36	20	96	55	18	106	74	18	106
18	20	96	37	20	96	56	18	106	75	18	106
19	21	91	38	20	96	57	18	106	76	18	106

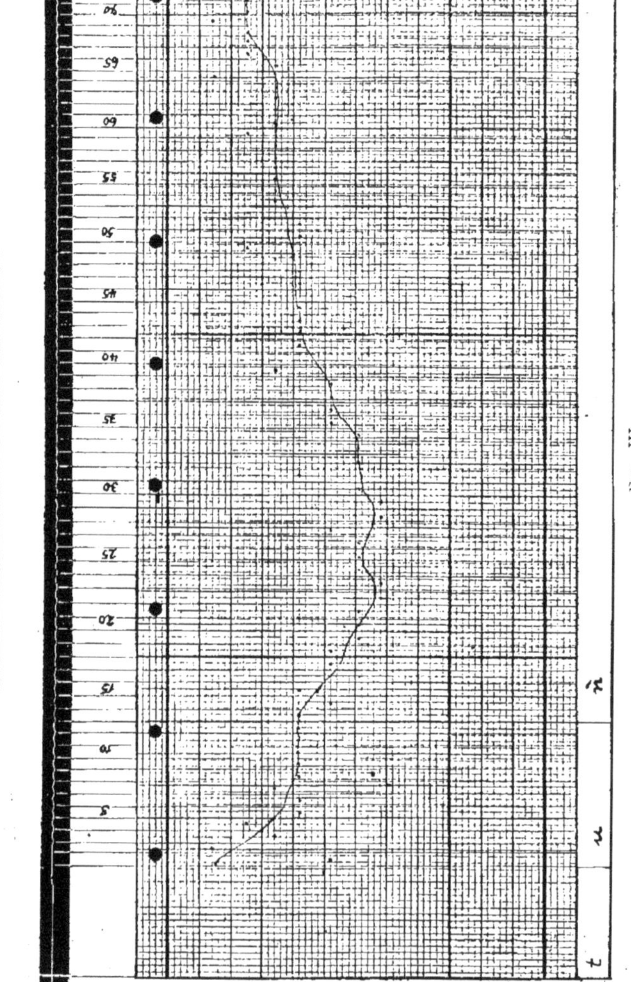

FIG. III.

Dans cette syllabe, il y a 76 vibrations dont les longueurs (L.)
mesurées sur le tracé, et leurs fréquences (V.D) calculées par le
rapport de 191 mm. = 1 sec., sont données dans la Table III.

Figure III, de haut en bas :

    1) tracé du diapason (50 V.D. = 1 sec.)

    2) tracé du son ;

    3) représentation graphique de ce son.

49. — Pour plus de clarté dans la démonstration, ce diagramme se
fait exprès à la grande échelle (5 mm. sur l'ordonnée = 1 demi-ton),
et il est reproduit ici sans retouche. Tous les autres diagrammes
de ce genre se font à la petite échelle (5 mm. sur l'ordonnée =
1 ton entier) ; et, pour la mise en page, on les reproduit à 3/5 de
diamètre.

50. — Afin de comparer plus commodément les courbes, on peut
recourir aisément à un autre procédé, en se servant d'un autre papier
quadrillé.

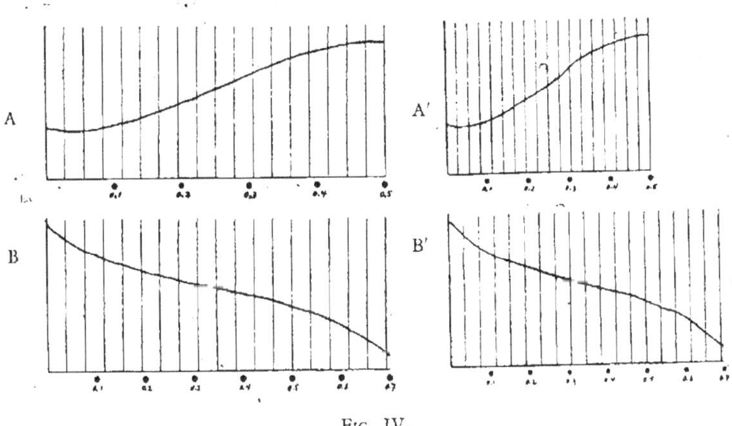

Fig. IV.

Soit A et B (Figure IV) les deux courbes déjà obtenues. Sur
l'abscisse de A, 180 mm. = 1 sec. ; sur celle de B, 130 mm. = 1
sec.

En diminuant 180 à $\frac{3}{5}$ et 130 à $\frac{4}{5}$, on obtient :

$$180 \times \frac{3}{5} = 108,$$

$$130 \times \frac{4}{5} = 104,$$

deux chiffres très proches et par conséquent très commodes pour la comparaison.

En transportant les deux courbes, section par section, sur le nouveau papier, l'un au rapport 3 : 5, et l'autre au 4 : 5, on a deux nouvelles courbes A' et B'.

51. — Par ce moyen, j'ai pu faire en sorte que la plus grande partie de mes diagrammes ait un rapport variant de 100 à 130 mm. pour la seconde.

52. — On arrive au procédé final en ayant recours au papier transparent, sur lequel, pour la hauteur musicale, on divise l'octave en six intervalles égaux (Figure V) ; par suite, tous les ut, ré, mi, fa ♯, sol ♯, la ♯, sont représentés par un trait.

Les ut sont toujours représentés par un trait gras.

FIG. V.

53. — C'est l'ut_2 = 129,3 qu'on rencontre le plus souvent dans la voix humaine, surtout dans celle de l'homme. On l'utilise comme clef dans la gamme musicale. Au-dessus ou au-dessous de la portée qui le représente, on trace des points, pour marquer le temps : la distance entre chacun de ces deux points correspond à un dixième de seconde.

Quand cela est nécessaire, on chiffre ces petits points.

Observations générales sur les tons.

54. — Avant d'aborder notre sujet spécial, nous allons présenter quelques observations générales sur les tons, observations obtenues directement par l'oreille. Mais avant tout, il importe de se débarrasser des confusions produites par des termes qui, étant conventionnels et non scientifiques, sont une cause d'erreur et pour les sinologues européens et pour les phonéticiens chinois eux-mêmes.

55. — En chinois, on dit *seṅ* 聲 pour indiquer le « ton » dans la langue (mais on dit *ien* 音 pour le ton de la gamme musicale). Le sens ordinaire de ce mot est simplement « son » ou « voix ». Par conséquent, *seṅ* isolé ne donne aucune valeur fixe en phonétique. Il faut toujours placer un autre mot avant : *s:·seṅ* 四聲, « les quatre tons », *p'ieṅ-seṅ* 平聲, « le premier ton », etc.

56. — Dans la phonologie classique, *seṅ* indique aussi le préphonème (et *üen* 韻, le post-phonème). Il y a donc lieu de ne pas confondre ces deux *seṅ*, dont les significations sont si différentes.

57. — On donne quatre noms aux quatre tons : *p'ieṅ, saṅ, c'ü, ru*, ou d'une manière plus complète : *p'ieṅ-seṅ, saṅ-seṅ, c'ü-seṅ, ru-seṅ·* Les sinologues européens les appellent respectivement : premier, deuxième, troisième, quatrième ton.

58. Dans ce travail, dès maintenant je conviens de les représenter en abrégé par des chiffres arabes avec deux points au-dessus :

$$\ddot{1} = 1^{er} \text{ ton} = p'ieṅ\text{-}seṅ,$$
$$\ddot{2} = 2^{e} \text{ ton} = saṅ\text{-}seṅ,$$
$$\ddot{3} = 3^{e} \text{ ton} = c\,ü\text{-}seṅ,$$
$$\ddot{4} = 4^{e} \text{ ton} = ru\text{-}seṅ.$$

59. En pékinois, il y a des tons masculins (*iaṅ-seṅ* 陽聲) et des tons féminins (*ien-seṅ* 陰聲). Je représente ces deux catégories de tons par les lettres « m » et « f » placées après les chiffres :

$$\ddot{1}m = 1^{er} \text{ ton masculin} = iaṅ\text{-}p'ieṅ\,;$$
$$\ddot{1}f = 1^{er} \text{ ton féminin} = ien\text{-}p'ieṅ, \text{ etc.}$$

60. — Dans la phonologie classique, on emploie aussi le mot

« masculin » pour signifier des post-phonèmes fermés par une consonne nasale : *-an, -añ*, etc., et le mot « féminin » pour ceux qui sont ouverts : *-a, -i, -u, -au*, etc.

Aussi ne faut-il pas confondre les noms de ces deux systèmes.

61. — Dans les dialectes du Midi et de l'Extrême-sud, il y a des tons clairs (*tsieñ-şeñ* 清聲) et des tons obscurs (*tşuo-şeñ* 濁聲).

Je les représente par les lettres « c » et « o » :

$$\ddot{\imath}c = \text{premier ton clair} = tsieñ\text{-}p'ieñ ;$$
$$\ddot{\imath}o = \text{premier ton obscur} = tşuo\text{-}p'ieñ, \text{etc.}$$

62. — Certains auteurs ont l'habitude d'employer le mot « supérieur » (*şañ* 上) pour les tons féminins et clairs, et le mot « inférieur » (*śia* 下) pour les tons masculins et obscurs :

$$\text{Tons supérieurs} \begin{cases} \ddot{\imath}f, \ddot{2}f, \ddot{3}f, \ddot{4}f ; \\ \ddot{\imath}c, \ddot{2}c, \ddot{3}c, \ddot{4}c ; \end{cases}$$
$$\text{Tons inférieurs} \begin{cases} \ddot{\imath}m, \ddot{2}m, \ddot{3}m, \ddot{4}m ; \\ \ddot{\imath}o, \ddot{2}o, \ddot{3}o, \ddot{4}o. \end{cases}$$

63. — Cette notation produit une nouvelle confusion, parce que, dans des livres de rimes, on a depuis longtemps divisé la section du ï en deux volumes, dont le premier est appelé *şañ-p'ieñ* 上平, (premier ton [volume] supérieur), et le deuxième, *śia-p'ieñ* 下平, (premier ton [volume] inférieur), ce qui est sans aucun rapport avec la phonétique. Comme je l'ai dit plus haut (v. § 8), c'est simplement une manière de numéroter les volumes.

64. — Dans le présent travail, je ne me sers jamais de ces deux mots « supérieur » et « inférieur » avec l'une ou l'autre de ces deux acceptions. En cas de besoin, je leur donne leur sens propre : ce qui est situé au-dessus, ou au-dessous.

---

65. — Il est important de remarquer la différence entre les *tons classiques* et *les tons dialectaux*.

66. — Les tons classiques ne sont que des indications de dictionnaires. Le mot *i* 一, (un), par exemple, y est uniquement indiqué comme appartenant au ï, mais dans les dialectes, on le prononce de diverses manières.

67. — Les astérisques seront employés ci-après pour indiquer les tons classiques, ex. : ĭ* = premier ton classique, etc.

68. — Les tons classiques occupent une place très importante dans la prosodie. Mais, comme ils n'existent pas dans la langue vivante, il est impossible de déterminer leur caractères exacts. D'après ce qu'ont écrit les anciens (v. §§ 16-17), il est *possible* que :

$$\left.\begin{array}{l} \text{le ĭ*} \\ \text{le ĕ*} \\ \text{le ĕ*} \end{array}\right\} \text{ soient longs ; et le ĕ* bref.}$$

69. — et que :

le ĭ* soit un son uni,
le ĕ* un son aigu.

70. — En outre, si l'on étudie le système classique des rimes, on s'aperçoit aussi que :

Les sons au ĕ*, comme ceux au ĕ du cantonnais, sont terminés par l'une ou l'autre de ces trois consonnes explosives : *p, t, k*.

71. — Si nous voulons étudier la question à fond, il ne nous reste qu'une seule méthode rationnelle : comparer les tons dialectaux et tâcher d'y retrouver les caractères les plus communs.

72. — Mais il ne faut pas croire que les tons classiques aient uniquement existé dans la langue ancienne. Tout au plus, peut-on dire qu'ils n'étaient que les tons les plus communs ou bien les plus influents dans les dialectes d'autrefois. En 601, environ cent ans après l'époque de *Sen io, Lu-fa-ian* 陸法言, dans l'avant-propos de son Dictionnaire phonétique (*Tsie-üen* 切韻), a déjà dit :

« La prononciation d'*U* 吳 et de *Tṣu* 楚 est trop claire et trop légère ; celle d'*Ian* 燕 et de *Tṣau* 趙 est au contraire, trop dure et trop obscure. Dans *Tsien* 秦 et dans *Luen* 隴, le troisième ton devient le quatrième ; dans *Lian* 梁 et dans *I* 益, le premier ton me semble être le troisième. »

73. — Quant aux tons dialectaux, c'est-à-dire ceux qui existent dans les divers dialectes vivants, on peut affirmer qu'il n'y a pas deux dialectes dont les systèmes de tons soient complètement identiques. On trouve même souvent des différences plus ou moins grandes entre les tons, de l'un et de l'autre côté d'une même petite ville. Par suite :

> Quand on mentionne un ton quelconque, il faut indiquer en même temps où il se localise : le ï de Changhaï, le ӟ de Nankin, etc. Une simple notation comme ï ne comporte pas de valeur fixe.

74. — Les trois dialectes que nous aurons à mentionner très souvent dans cet ouvrage seront représentés par leurs abréviations : P, pour le pékinois ; C, pour le cantonais ; K, pour le kiangyinois :

> ïmP = premier ton masculin du pékinois,
> ӟoC = deuxième ton obscur du cantonais,
> ӟcK = troisième ton clair du kiangyinois, etc.

---

75. — Nous pouvons maintenant nous poser la question la plus importante :

Quel est le rapport entre les tons et les quatre caractères du son : le TIMBRE, l'INTENSITÉ, la LONGUEUR, la HAUTEUR ?

76. — Pour le timbre, il est possible de répondre :

> Comme on peut prononcer un son quelconque dans les divers tons possibles d'un dialecte, il n'y a pas de rapport entre le timbre et les tons.

77. — Mais, ce n'est là qu'une observation très grossière. Dans le kiangyinois, le ï, le ӟ, le ӟ d'un *i* sont *i*, mais le ӟ est *ih* ; le ï, le ӟ, le ӟ d'un *toñ* sont *toñ*, mais le ӟ est *toh* ; et pour un *toñ*, on peut prononcer le ïc, le ïo, le ӟc, le ӟc, le ӟo, le ӟc, le ӟo sans difficulté, mais pour un *l'oñ*, on ne peut prononcer que le ïc, le ӟc, le ӟc, le ӟc, — le ïo, le ӟo, le ӟo étant impossibles à énoncer (v. § 154). Dans le dialecte de Foutchou, j'ai trouvé un système très difficile à expliquer :

Pour le son *xuñ*, on a :

> ïc — *xuñ* 風, (vent) ;
> ӟc — *xuñ* 粉, (poudre);

3c — *xun* 訓, (instruction) ;
4c — *xuh* 福, (bonheur) ;
    1o — *xun* 雲, (nuage) ;
    2o — *xun* 奮, (s'efforcer) ;
    3o — *xun* 凰, (un oiseau mythologique) ;
    4o — *xuh* 佛, (Bouddha).

Mais pour le son *ki*, on a :

    1c — *ki* 機, (machine) ;
    2c — *ki* 几, (petite table à thé) ;
    3c — *kei* 旣, (déjà) ;
    4c — *keih* 吉, (état heureux) ;
    1o — *ki* 奇, (curieux, merveilleux) ;
    2o — *ki* 己, (soi-même) ;
    3o — *kei* 忌, (jalouser) ;
    4o — *keih* 及, (à, jusqu'à).

ce qui tendrait à prouver que :

Le timbre peut jouer un rôle plus ou moins caractérisé dans la question des tons ; mais, à tout prendre, ce n'est qu'un rôle secondaire.

78. — Pour l'intensité, disons :

Comme on peut prononcer un ton quelconque plus ou moins fort, et que le ton caractéristique reste alors toujours le même, il s'ensuit que l'intensité n'entre pas en ligne de compte dans la question des tons.

Cette conclusion me paraît la seule exacte, et je crois qu'elle n'autorise aucune exception.

79. — Quant à la comparaison des intensités intérieures des tons, si on l'évalue d'après les « courbes des intensités de chacune de leurs vibrations », elle reste encore à établir par la méthode de la phonétique expérimentale. Il est fort possible qu'un *a* au 1, et un *a* au 2 puissent donner deux courbes différentes. Pour obtenir ces courbes, on peut utiliser la formule :

$$I = n^2\, A^2.$$

où I = l'intensité, n = la fréquence, A = l'amplitude.

80. — Mais cette formule ne peut être appliquée qu'aux sons de même timbre. Et voici quelle difficulté elle soulève :

Prenons un *a* dans le groupe *lan*. Il est évident que le timbre de cet *a* ne sera pas toujours le même : au commencement, *a* modifié par *l* ; au milieu, *a* libre ; à la fin, *a* modifié par *n*. C'est donc un son dont le timbre est graduellement changé, et, par conséquent, si l'on fait une courbe de ses intensités, d'après la formule ci-dessus, cette courbe ne correspondra pas à la réalité des intensités.

Pour une voyelle prononcée séparément, la modification est naturellement moindre. Mais, de toute façon, le timbre ne peut pas rester toujours le même : dû au mécanisme de la voix, il change.

La formule n'est donc utile qu'appliquée à l'étude des sons instrumentaux.

81. — Ceci n'est pas un fait négligeable. Supposons que nous ayons les tracés de deux vibrations de divers timbres : l'une de *a* modifié par A, l'autre de *a* modifié par B. Si, en mesurant sur les tracés, on a :

$$n_1 = n_2$$
$$A_1 = A_2,$$

d'après la formule, on aura :

$$I_1 = I_2.$$

Mais les véritables intensités de ces deux vibrations peuvent être considérablement différentes : l'une étant plusieurs fois plus grande que l'autre.

82. — Pour comparer les intensités, il ne nous reste qu'une méthode : analyser les courbes vibratoires et calculer, d'après certaines théories, les diverses amplitudes des sons fondamentaux et des sons harmoniques. Pour cela, il nous faudrait travailler toute une journée au moins pour une seule vibration, et deux ou trois mois pour un son considérablement court. Ce serait sans doute une tâche au-dessus des forces humaines. De plus, même s'il se trouvait quelque savant ayant assez de courage pour l'entreprendre, les résultats obtenus pourraient encore être imparfaits. A ce propos, mon Maître a constaté qu' « il y a un désaccord au moins aussi grand entre les résultats de diverses méthodes appliquées à un seul et même tracé, et que la théorie même est visiblement incertaine » [1].

83. — Aussi me suis-je trouvé dans l'obligation de laisser de côté ce problème. Il suffit qu'en vertu de l'observation directe rapportée plus haut (§ 78), je sois à peu près assuré qu'il y a peu de rapport entre l'intensité et les tons.

84. — Pour la longueur, nous avons à noter que :

Dans les dialectes du Midi et de l'Extrême-Sud, les 4̈ sont toujours plus brefs que les 1̈, les 2̈ et les 3̈.

85. — Ce qui ne veut point dire que les autres tons aient une longueur égale. Selon les cas, ils peuvent être plus ou moins longs, mais si l'on ne considère que les caractères des tons, cette irrégularité des longueurs importe peu.

86. — Quant à la hauteur musicale, c'est la vie même des tons :

Dans les dialectes du Nord, la hauteur seule constitue les tons ; et dans les dialectes du Midi et de l'Extrême-Sud, bien que les timbres et les longueurs ne puissent être laissés de côté, c'est encore surtout par la hauteur qu'on les distingue.

87. — Pour noter la hauteur, je trouve que de simples indications (haut, bas, montant, descendant, etc.) et de simples signes (⌐ pour haut, ⌐ pour bas, / pour montant, \ pour descendant, etc.) ne sont pas suffisants. Utiliser la portée musicale vaut mieux ; mais cela ne va pas encore sans inconvénients : ut et ut♯ sont situés sur la même ligne, et les intervalles entre ut et ut♯ ne peuvent pas être représentés, etc.

88. — Ma notation des tons se fait de la manière suivante :

Prendre une série de tons et en comparer les courbes. Représenter par TH (très haut) le point le plus haut dans la série, et par TB (très bas) celui qui est le plus bas. Le milieu de ces deux points est représenté par M (milieu), et on divise les distances entre M

1. *Revue de phonétique*, tome III, p. 375, Paris, 1913.

et TH et entre M et TB en trois parties égales, qui sont représentées par MH (mi-haut), H (haut), MB (mi-bas), B (bas), respectivement. / veut dire montant ; \, descendant ; —, uni.

Exemple : H — H, son haut uni ; $\overset{\text{TH}}{\underset{\text{TB,}}{\diagdown}}$ son descendant brusquement de très haut à très bas.

Des lettres majuscules sont employées pour les tons cardinaux et de petites lettres pour les tons libres (v. § 90).

Exemple : quand un ton cardinal comme H — H est devenu mh — mb, cela veut dire que la position de la courbe est changée d'un peu plus haut à un peu plus bas, la forme de cette courbe restant la même ; quand H — H est devenu $\overset{\text{H — H}}{\underset{\text{m,}}{\diagdown}}$ cela veut dire que la plus grande partie de la courbe ne change pas, mais que la partie finale est quelque peu modifiée.

En cas de besoin, on peut, par exemple, écrire H- pour le ton un peu plus bas que H, mais un peu plus haut que MH+, celui-ci étant encore un peu plus haut que MH.

EH (extraordinaire haut) et EB (extraordinaire bas) seront employés si l'on se trouve avoir affaire à des tons encore plus hauts que TH+, ou encore plus bas que TB-.

89. — De telles notations sont très utiles pour discuter des tons, et on peut les insérer commodément dans le texte. Mais seules les courbes originales constituent des documents exacts sur ces tons.

---

90. — Pour la facilité de l'étude, on peut classer les tons en deux catégories : 1) les tons cardinaux, c'est-à-dire ceux qui sont prononcés séparément et articulés soigneusement ; 2) les tons libres, c'est-à-dire ceux qui appartiennent aux diverses façons de parler courantes ; suivant les cas, ils peuvent être modifiés jusqu'à un certain degré.

91. — Ce sont les voyelles pures qui sont le plus propres à

l'étude de tons cardinaux. Mais, si l'on fait beaucoup d'expériences sur les tons libres, il n'est pas absolument nécessaire d'y recourir. Si, par exemple, on a une courbe comme

$$\begin{array}{l}\text{H}\\ \quad\diagdown\ \text{M}\\ \qquad\quad\diagdown\\ \qquad\qquad\text{B,}\end{array}$$

représentant un son *siñ*, prononcé séparément et soigneusement, il est bien sûr qu'une voyelle pure de ce même ton, prononcée de la même manière, doit être au moins

$$\begin{array}{l}\text{MH}\\ \quad\diagdown\ \text{M}\\ \qquad\quad\diagdown\\ \qquad\qquad\text{MB.}\end{array}$$

92. — Le choix des sujets est la première difficulté que j'aie rencontrée au cours de ce travail. On ne peut, pour l'étude du français, se fier au parler des habitants de la rue Mouffetard ; de même pour le chinois, on ne peut se fier au parler des coolies de Changhaï. Et cette difficulté s'est doublée du fait que je ne réside pas actuellement en Chine.

93. — Pour qu'un sujet sur lequel porteront les expériences soit considéré comme « bon », deux conditions sont requises : il doit parler son dialecte purement, et, ce qui est plus important, il doit avoir quelques notions sur le système des tons de son dialecte. Cette dernière condition se rencontre de plus en plus malaisément aujourd'hui. Autrefois, alors que le système d'examens des lettrés se pratiquait encore, et que, pour être qualifié de « lettré », on n'avait qu'à étudier exclusivement la littérature chinoise, un garçon de huit à dix ans pouvait dire exactement que tel son était de tel ou tel ton. Mais ce n'est plus le cas maintenant. On trouve souvent des licenciés et même des professeurs (il ne s'agit pas, bien entendu, de ceux qui appartiennent aux Facultés des lettres), qui n'en sont pas capables.

94. — Une autre difficulté se présente : ce sont les divergences touchant le nombre des tons. Pour chaque dialecte, les avis sont partagés. En kiangyinois, par exemple, on dit généralement qu'il n'y a que quatre tons : 1̈, 2̈, 3̈, 4̈, mais des phonéticiens spécialistes peuvent affirmer qu'il y en a sept : 1̈c, 1̈o, 2̈c, 3̈c, 3̈o, 4̈c, 4̈o. En cantonais, les huit tons sont bien connus : 1̈c, 1̈o, 2̈c, 2̈o, 3̈c, 3̈o, 4̈c, 4̈o ; cependant, ces quatre ou cinq dernières années, on a fait savoir qu'il y en avait encore un neuvième : ïc *bis* (v. § 145 et suiv.). C'est pourquoi, si je demande à un sujet : « combien de tons y a-t-il dans votre dialecte ? » et que sa réponse soit, par exemple : « quatre », je ne puis naturellement faire porter mes expériences que sur ces quatre tons. Et si, d'après un autre spécialiste, il y a plus de quatre tons, ma méthode d'expérimentation devient incomplète et le résultat de mes expériences contestable.

---

95. — Pour se faire une idée générale des tons, on trouvera aux planches I et II, 50 diagrammes représentant dix systèmes divers de tons dans les dialectes vivants.

Ces diagrammes ont été tracés dans les conditions suivantes :

1) Tous les sons sont prononcés séparément, et soigneusement articulés.

2) On demande aux sujets qui se prêtent aux expériences de prononcer les tons sur une voyelle pure ; mais au cas où cette voyelle ne peut pas très bien s'inscrire, ou lorsque les sujets éprouvent quelque difficulté à l'émettre, on la remplace par un autre son.

96. — I. — Les quatre (cinq) tons du pékinois : ïf, ïm, $\ddot{2}$, $\ddot{3}$, ($\ddot{4}$).

Sujet : M. *Tṣen-mian* 陳縣 (Mien Tcheng) licencié ès lettres de la Faculté de Pékin, auteur (avec Mᵐᵉ Lucie Margueritte) des « Contes merveilleux de la Chine », Paris 1923.

Sons sur lesquels porte l'expérience :

> ïf — *i* 衣, (vêtements), (pl. I-fig. 1) ;
> ïm — *i* 誼, (idée, amitié), (I-2) ;
> $\ddot{2}$ — *i* 以, (avec), (I-3) ;
> $\ddot{3}$ — *i* 義, (action conforme à la moralité), (I-4) ;
> ($\ddot{4}$) — *i* 益, (profit), (I-5).

Pour les détails des tons du pékinois, voir § 222 et suivants.

97. — II. — Les quatre tons du dialecte d'Outchang (capitale de la province de Houpéh) : $\ddot{1}$, $\ddot{2}$, $\ddot{3}$, $\ddot{4}$.

Sujet : M. *Uañ-tian-ci* 汪奠基, (Ouang tien ki), licencié de la Faculté des lettres de Lyon.

Sons sur lesquels porte l'expérience :

ĩ — *i* 衣, (vêtement), (I-6) ;
ẽ — *i* 以, (avec), (I-7) ;
ĩ — *i* 意, (idée), (I-8) ;
ĩ — *i* 一, (un), (I-9).

Le sujet dit : « Il y a quatre tons dans mon dialecte, c'est tout ce que je sais ».

Les tracés des deux premières séries d'expérimentations sont reproduits, Figure VI, à titre d'exemples.

98. — III. — Les quatre tons du dialecte de Nankin (capitale de la province de Kiangsou) : ĩ, ẽ, ĩ, ĩ.

Sujet : M. *Tṣeñ-të-c'i* 鄭德麒, étudiant en sciences mathématiques.

Sons sur lesquels porte l'expérience :

ĩ — *tuñ* 東, (l'est), (I-10) ;
ẽ — *tuñ* 懂, (comprendre), I-11) ;
ĩ — *tuñ* 凍, (avoir froid), (I-12) ;
ĩ — *tub* 篤, (honnête), (I-13).

Le sujet dit : « Ce sont les quatre tons les plus connus. Néanmoins des discussions se sont élevées à propos de tons clairs et de tons obscurs, mais je ne sais pas exactement en quoi ils diffèrent ».

99. — IV. — Les quatre tons du dialecte de Tchangcha (capitale de la province de Hounan) : ĩ, ẽ, ĩ, ĩ.

Sujet : M. *Süeñ-üen-xueñ* 熊運洪, étudiant en droit.

Sons sur lesquels porte l'expérience :

ĩ — *i* 衣, (vêtement), (I-14);
ẽ — *i* 以, (avec), (I-15) ;
ĩ — *i* 易, (facile), (I-16) ;
ĩ — *i* 一, (un), (I-17).

Le sujet dit : « Il n'y a peut-être que ces quatre tons ».

100. — V. — Les quatre tons du dialecte de *T'eñ-üe* 騰越 (ville

Fig. VI.

1, 2, 3, 4, 5, tracés des cinq *i* de la 1re série d'expérimentations ; 6, diapason 50 V. D. sec.
7, 8, 9, 10, tracés des quatre *i* de la 2me série d'expérimentations ; 11, diapason 50 V. D. sec.

de la province d'Yunnan, située à l'extrême Sud-Ouest de la Chine, tout près de la Birmanie) : 1, 2, 3, 4.

Sujet : M. *Ü-mien* 余銘, étudiant en sciences physiques.

Sons sur lesquels porte l'expérience :

1 — *kuñ* 公, (duc, public), (I-18) ;
2 — *kuñ* 拱, (sorte de salutation), (I-19) ;
3 — *kuñ* 共, (être commun à, partager), (I-20) ;
4 — *kuh* 穀, (grain), (I-21).

Le sujet ne connaît que ces quatre tons, mais il sait que l'on a discuté au sujet d'une différenciation plus minutieuse.

101. — VI. — Les quatre (cinq) tons du dialecte de Tchengtou (capitale de la province de Szeutchuan) 1f, 1m, 2, 3, (4).

Sujet : M. *Li-s:-tsuen* 李思純, professeur à la Faculté des lettres de Nankin,

Sons sur lesquels porte l'expérience :

1f — *tuñ*, (I-22) ;
1m — *tuñ*, (I-23) ;
2 — *tuñ*, (I-24) ;
3 — *tuñ*, (I-25) ;
(4) — *tuh*, (I-26).

Le sujet dit : « Dans la ville de Tchengtou, il n'y a que quatre tons : 1f, 1m, 2, 3. Des phonologues de l'école classique considèrent le 1m comme un 4. A mon avis, c'est peut-être le cas dans le vieux dialecte. Aujourd'hui on le prononce plutôt comme un 1m du pékinois : le caractère du 4, c'est-à-dire la brièveté, a déjà disparu. Mais dans les dialectes parlés à quelques dizaines de kilomètres de la ville, on le retrouve encore dans son intégrité. »

102. — VII. — Les huit tons du cantonais : 1c, 2c, 3c, 4c, 1o, 2o, 3o, 4o.

Sujet : M. *Tsen-tsuen-tseñ* 陳宗城, licencié en droit de la Faculté de Paris.

Sons sur lesquels porte l'expérience :

1c — *i*, (II-1) ;   3c — *i*, (II-3) ;
2c — *i*, (II-2) ;   4c — *ik*, (II-4) ;

ïo — *i*, (II-5) ;   ̈3o — *i*, (II-7) ;
̈2o — *i*, (II-6) ;   ̈4o — *ik*, (II-8). ·
(Voir § 121 et suiv.).

103. — VIII. — Les huit tons du dialecte de Tchautchou (ville de la province de Kouangtong) : ïc, ̈2c, ̈3c, ̈4c. ïo, ̈2o, ̈3o, ̈4o.

Sujet : M. *Tšan-šian-tše* 詹 顯 哲, étudiant en sciences politiques.

Sons sur lesquels porte l'expérience :

ïc — *toń*, (II-9) ;   ïo — *toń*, (II-13) ;
̈2c — *toń*, (II-10) ;   ̈2o — *toń*, (II-14) ;
̈3c — *toń*, (II-11) ;   ̈3o — *toń*, (II-15) ;
̈4c — *tok*, (II-12) ;   ̈4o — *tok*, (II-16).

Le sujet a assuré qu'il n'y a que ces huit tons ; il a assuré aussi que sa prononciation était exacte.

104. — IX. — Les quatre tons du kiangyinois : ï, ̈2, ̈3, ̈4.

Sujet : moi-même.

Sons sur lesquels porte l'expérience :

ï — *i* 衣, (vêtement), (II-17) ;
̈2 — *i* 以, (avec), (II-18) ;
̈3 — *i* 意, (idée), II-19) ;
̈4 — *ih* --·, (un), (II-20).

(Voir § 153 et suivants).

105. — X. — Les quatre tons du dialecte de *Tšień-të* 旌德, (ville de la province d'Anhouei) : ï, ̈2, ̈3, ̈4.

Sujet : M. *Ciań-s:-i* 江 世 義, étudiant en droit.

Sons sur lesquels porte l'expérience :

ï — *tuń*, (II-21) ;
̈2 — *tuń*, (II-22) ;
̈3 — *tuń*, (II-23) ;
̈4 — *tuh*, (II-24).

Le sujet ne connaît que ces quatre tons.

106. — Comme je l'ai dit plus haut, une seule expérience n'est jamais suffisante, aussi je ne pense pas que ces diagrammes puissent fixer les valeurs des tons qu'ils représentent. Mais ils nous en ont donné des notions approximatives ; et voici quelles conclusions nous pouvons en dégager :

107. — I. — Il n'y a pas deux dialectes dont les systèmes de tons soient tout à fait identiques, mais les dialectes d'Outchang (I-6, -7, -8, -9) et de Tchangcha (I-14, -15, -16, -17) ont entre eux une ressemblance assez significative.

108. — II. — Si nous ne tenons compte que des formes des courbes, nous pouvons classer tous les ï en deux catégories. Dans la première, les sons sont à peu près unis. Ce sont :

> ïf P (I-1) ;
> ï du dialecte d'Outchang (I-6) ;
> ï du dialecte de Tchangcha (I-14) ;
> ï du dialecte de *T'eñ-üe* (I-18) ;
> ïf du dialecte de Tchengtou (I-22).

109. — Dans la deuxième catégorie, les sons sont plutôt descendants :

> ï du dialecte de Nankin (I-10) ;
> ïm du dialecte de Tchengtou (I-23) ;
> ïcC (II-1) ;
> ïoC (II-5) ;
> ïc du dialecte de Tchautchou (II-9) ;
> ïo du dialecte de Tchautchou (II-13) ;
> ïK (II-17) ;
> ï du dialecte de *Tšieñ-të* (II-21).

110. — Tous les dialectes dont les ï appartiennent au premier groupe sont plus ou moins modernes, tandis que les autres, ceux dont les ï appartiennent au deuxième groupe, ont plus ou moins survécu tels qu'ils étaient anciennement [1]. Par conséquent il est possible que :

Le ï* soit un ton descendant.

---

1. On ne trouve qu'une seule exception : c'est dans le dialecte de Tchengtou, le ïf étant au premier groupe, et le ïm, au deuxième. Ce dialecte est assez moderne, c'est donc le ïm et, non le ïf, qui provoque cette anomalie.

Cette conclusion va évidemment contre l'observation tirée des écrits des anciens (§ 69), qui suppose que :

le ï* est un son uni.

En attendant de nouvelles investigations, je réserve pour le moment ces deux observatious contraires.

111. — III. — Dans la plupart des courbes qui représentent les 2̈, on trouve les points TH ou H. Cela nous montre que :

les 2̈, malgré les différentes formes de leurs courbes, ont toujours une hauteur considérable lorsqu'on les compare avec les autres tons de leurs séries respectives.

Et cette conclusion concorde avec l'observation :

le 2̈* est un son aigu (§ 69).

112. — IV. — Au sujet des 3̈, les anciens n'ont rien dit de précis ; ils ont seulement traduit des illusions d'ordre psychologique ; et pour nous, au point de vue des tons comparés, nous ne trouvons non plus aucun accord entre eux, tant dans la forme que dans la position des courbes.

C'est peut-être là un problème dont la solution reste difficile, et nous sommes encore loin de pouvoir déterminer la valeur du 3̈*.

113. — V. — Pour les 4̈, nous pouvons les classer en deux groupes :
Ceux qui appartiennent aux dialectes comparativement modernes sont longs ; et ceux qui appartiennent aux dialectes relativement anciens, sont brefs.

114. — En dehors de ces observations, il ne nous apparaît pas qu'il y ait des faits assez significatifs pour mériter d'être étudiés au point de vue de la comparaison des tons. Toutefois on peut rapprocher certaines courbes, malgré les divers noms des tons qui leur ont été donnés.

Exemple : le ïK est H⁺⟍TB (II-17), le 2̈ du dialecte de Tchengtou est TH⟍TB (I-24). Comme H⁺ est près de TH, nous pouvons considérer que ces deux courbes sont identiques, mais les noms de leurs tons sont différents : ǐ et ǯ. De telles comparaisons sont très utiles. Si l'on pouvait étudier les systèmes des tons dans les dialectes principaux (cinquante dialectes bien choisis, au moins), et les étudier de manière très attentive, afin que leurs valeurs soient bien fixées, on obtiendrait quelques centaines de courbes. En comparant ces courbes, en cherchant leurs points d'identité, sans tenir compte des noms de ces tons, on obtiendrait quelques dizaines de courbes toutes différentes. En numérotant ces courbes méthodiquement et en remplaçant les noms des tons dans tous les dialectes par ces numéros, on aurait un moyen d'observation très utile, tant pour l'enseignement de la langue que pour la recherche linguistique, quelque approximatifs que soient les résultats obtenus.

Vivant à l'étranger et manquant de sujets pour l'expérimentation, je ne puis entreprendre cette tâche pour le moment ; mais, comme je ne la crois pas au-dessus de mes forces, j'espère m'y consacrer prochainement.

115. — D'autre part, en examinant les diagrammes en question, on aperçoit très clairement que les valeurs des tons sont relatives et non pas absolues. Des personnes différentes, suivant leur âge, leur sexe, ne parlent pas toujours à la même hauteur, ni avec les mêmes intervalles, ni avec la même rapidité. Et chez une même personne, ces valeurs peuvent varier aussi, suivant les sentiments suscités par telle ou telle circonstance.

Par conséquent, on ne saurait se servir d'un cas particulier, quel qu'il soit, pour déterminer le son type d'un ton.

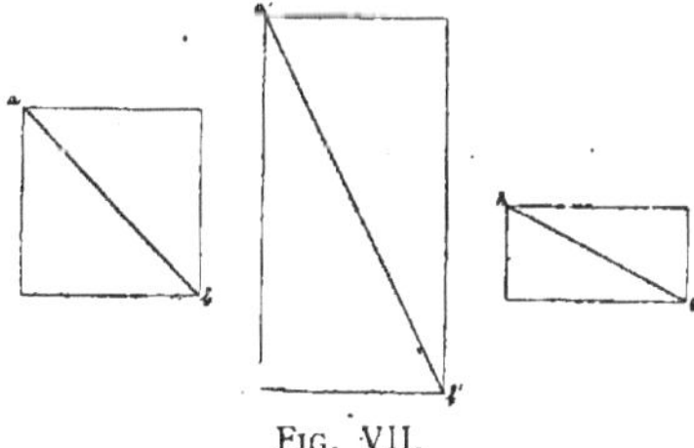

FIG. VII.

Supposons (Fig. VII) que nous ayons un ton commencé à TH,

et terminé en TB. Si l'intervalle et la longueur de la série sont de 1 : 1, on a la courbe ab ; s'ils sont de 2 : 1, on aura a'b' ; s'ils sont de $\frac{1}{2}$: 1, on aura AB. Ces trois courbes sont visiblement différentes, mais leurs valeurs relatives restent identiques.

PREMIÈRE PARTIE

LES TONS DANS LES TROIS DIALECTES :
PÉKINOIS, CANTONAIS, KIANGYINOIS

116. — Comme il est impossible d'étudier tous les tons de tous les dialectes, je me bornerai actuellement à l'étude des trois dialectes suivants : pékinois, cantonais, kiangyinois.

117. — Ces dialectes ne sont pas choisis au hasard. Chacun d'eux a une importance considérable.

Tous les dialectes chinois peuvent être approximativement classés en trois groupes : ceux du Nord, ceux du Midi, et ceux de l'Extrême-Sud.

Les dialectes du Nord sont parlés dans la plus grande partie de la Chine. Au point de vue de la langue actuelle, ce sont ceux qui ont la plus grande importance. D'après M. *Tšań-pień-lien*, le dialecte type de cette catégorie serait celui de la province de Houpéh. Mais, comme Pékin est la capitale de la Nation, c'est le pékinois qui est généralement considéré comme dialecte type.

118. — Les dialectes de l'Extrême-Sud se parlent surtout dans la province de Kouangtoung, le dialecte type étant naturellement le cantonais, dialecte de la capitale de la province

L'importance de ce dialecte est due à son ancienneté. Beaucoup de phénomènes linguistiques d'autrefois y sont parfaitement conservés. C'est pourquoi, si l'on ignore ce dialecte, il est presque impossible d'étudier la prononciation classique.

119. — Les dialectes du Midi se parlent dans la région qui comprend le tiers méridional de la province de Kiangsou et le tiers septentrional de la province de Tchéhkiang. C'est cette région qui est depuis plus de mille cinq cents ans le centre de la civilisation chinoise et de la littérature chinoise ; et c'est aussi dans cette région que sont nés nos grands maîtres : *Sen-io*, le père de l'étude des tons *Ku-ian-u*, le père de la phonologie classique ; M. *Tṣań-pień-lien*, le plus grand phonologue vivant de l'école classique.

Parmi ces dialectes, il est difficile d'en choisir un comme dialecte type. Le dialecte de Nankin (capitale de la province de Kiangsou) et celui de Hangtchou (capitale de la province de Tchéhkiang) sont beaucoup trop influencés par les dialectes du Nord ; et celui de Changhaï est toujours très mélangé (les politiciens et les fonctionnaires officiels parlent le pékinois ou le kouan-houa ; les commerçants, le dialecte de Ninpo avec quelques éléments du *pidgin-English* ; les femmes à la mode, le dialecte de Soutchou ; les coolies, les divers dialectes de la région de Kiangpéh, etc.). Le dialecte de Soutchou (ancienne capitale civile de la province de Kiangsou) est peut-être le meilleur (toutefois, il est considéré comme une langue bonne exclusivement pour les femmes, parce qu'un peu trop douce), mais malheureusement, je n'ai pu trouver de sujet sur qui faire porter mes expériences pour ce dialecte.

120. — Étant données ces conditions, je suis obligé de me servir de mon propre dialecte pour les expérimentations. Il est parlé dans la ville de Kiangyin, située à 120 kilomètres environ de Soutchou, et à 300 kilomètres de Nankin et de Changhaï.

Quoique ce dialecte ne puisse être considéré comme le dialecte type du groupe, il retient encore assez de caractères marquants pour qu'on puisse l'étudier avec fruit.

Les Tons du cantonais.

121. — Pour la commodité de l'étude, nous commençons par les huit tons du cantonais :

$$\overset{\text{x}}{\text{1}}\text{c}, \quad \overset{\text{x}}{\text{2}}\text{c}, \quad \overset{\text{x}}{\text{3}}\text{c}, \quad \overset{\text{x}}{\text{4}}\text{c} ;$$
$$\overset{\text{x}}{\text{1}}\text{o}, \quad \overset{\text{x}}{\text{2}}\text{o}, \quad \overset{\text{x}}{\text{3}}\text{o}, \quad \overset{\text{x}}{\text{4}}\text{o}.$$

122. — D'après la méthode classique appliquée à l'étude des sons classiques et des sons cantonais, tous les sons peuvent être classés en deux groupes : ceux qui sont ouverts, et ceux qui sont fermés par l'une ou l'autre de ces trois nasales : *m*, *n*, *ń*.

123. — Dans le groupe ouvert, il n'y a que six tons : le 4c et le 4o n'existent pas. Dans le groupe fermé, il y en a huit, mais à la condition que, au 4c et au 4o, le -*m* soit remplacé par un -*p*, le -*n* par un -*t*, le -*ṅ* par un -*k*. L'exemple schématique suivant le fera mieux comprendre :

1c, 2c, 3c, 1o, 2o, 3o,	4c 4o
a	. . .
am *an* *aṅ*	*ap* *at* *ak*

Une classification de ce genre est simplement adoptée pour la commodité de l'étude. Nous pouvons aussi dire que le 4c et le 4o des sons fermés sont limités, puisque les finales -*p*, -*t*, -*k* doivent correspondre respectivement à -*m*, -*n*, -*ṅ* ; et que le 4c et le 4o des sons ouverts sont libres, c'est ainsi qu'un *a*, peut prendre tous les *ap*, *at*, *ak* à son 4c ou à son 4o.

124. — Ces -*p*, -*t*, -*k* n'explosent pas et ne sont pas sensibles à l'oreille. Leur fonction est simplement de couper brusquement le courant sonore, afin que les nasales correspondantes soient bien supprimées et que la qualité caractéristique du 4, c'est-à-dire la brièveté, soit mise en relief.

125. — Généralement, on peut prononcer un son quelconque dans tous les tons possibles. Mais, en réalité :

Ce ne sont que les sons à voyelle pure et ceux qui commencent par une voyelle ou bien par une consonne fricative (*s*, *f*, etc.), qui peuvent rentrer dans cette catégorie.

Pour les sons qui commencent par une explosive pure (*p*, *t*, *k*), le 1o manque.

Pour ceux qui commencent par une explosive aspirée (*p'*, *t'*, *k'*), les 2o, 3o, 4o manquent.

Pour ceux qui commencent par une nasale (*m*, *n*, *ṅ*), ou bien par une latérale (*l*), les 1c, 2c, 3c, 4c manquent.

Résumé :

a-, fa-, etc...	ïc,	2̈c,	3̈c,	4̈c,	ïo,	2̈o,	3̈o,	4̈o.
pa-, la-, etc...	ïc,	2̈c,	3̈c,	4̈c,	—	2̈o,	3̈o,	4̈o.
p'a-, t'a-, etc...	ïc,	2̈c,	3̈c,	4̈c,	ïo,		—	
ma-, la-, etc...		—			ïo,	2̈o,	3̈o,	4̈o.

126. — Néanmoins, il ne faut pas accepter cette observation d'une manière trop absolue : la langue vulgaire présente souvent des exceptions.

127. — Comme je l'ai dit plus haut, la véritable valeur du cantonais est due à son ancienneté. Si nous prenons une série de mots dans une table des sons composée par les anciens (le *Tsie-üen-ts:-tsah-t'u*, 切韻指掌圖, par exemple), et la faisons lire par un Cantonais, l'expérience donne des résultats excellents : les distinctions entre chacun des tons sont toujours bien marquées et leur ordre reste systématique. Si cette même série de mots est lue par un Pékinois ou bien par un Kiangyinois, des confusions plus ou moins grandes viennent à se produire. C'est pourquoi on doit regarder le cantonais comme un document précieux au point de vue de la linguistique pure.

128. — Sur les huit tons du cantonais, j'ai fait huit séries d'expériences :

Première série. — Sur la voyelle *a* :

        ïc — *a*, (planche III, figure 1) ;
        2̈c — *a*, (III-2) ;
        3̈c — *a*, (III-3) ;
        4̈c — *ak*, (III-4) ;
        ïo — *a*, (III-5) ;
        2̈o — *a*, (III-6) ;
        3̈o — *a*, (III-7) ;
        4̈o — *ak*, (III-8).

129. — Deuxième série. — Sur la voyelle *e* :

        ïc — *e*, (III-9) ;
        2̈c — *e*, (III-10) ;

3̈c — *e*, (III-11) ;
4̈c — *ek*, (III-12) ;
1̈o — *e*, (III-13) ;
2̈o — *e*, (III-14) ;
3̈o — *e*, (III-15) ;
4̈o — *ek*, (III-16).

130. — Troisième série. — Sur la voyelle *o* :

1̈c — *o*, (III-17) ;
2̈c — *o*, (III-18) ;
3̈c — *o*, (III-19) ;
4̈c — *ok*, (III-20) ;
1̈o — *o*, (III-21) ;
2̈o — *o*, (III-22) ;
3̈o — *o*, (III-23) ;
4̈o — *ok*, (III-24).

131. — Quatrième série. — Sur la voyelle *i* :

1̈c — *i*, (IV-1) ;
2̈c — *i*, (IV-2) ;
3̈c — *i*, (IV-3) ;
4̈c — *ik*, (IV-4) ;
1̈o — *i*, (IV-5) ;
2̈o — *i*, (IV-6) ;
3̈o — *i*, (IV-7) ;
4̈o — *ik*, (IV-8).

132. — Cinquième série. — Sur la syllabe *si* :

1̈c — *si*, (IV-9) ;
2̈c — *si*, (IV-10) ;
3̈c — *si*, (IV-11) ;
4̈c — *sik*, (IV-12) ;
1̈o — *si*, (IV-13) ;
2̈o — *si*, (IV-14) ;
3̈o — *si*, (IV-15) ;
4̈o — *sik*, (IV-16).

133. — Sixième série. — Sur la syllabe *fi* :

$$1̈c — fi, (IV-17) ;$$
$$2̈c — fi, (IV-18) ;$$
$$3̈c — fi, (IV-19) ;$$
$$4̈c — fik, (IV-20) ;$$
$$1̈o — fi, (IV-21) ;$$
$$2̈o — fi, (IV-22) ;$$
$$3̈o — fi, (IV-23) ;$$
$$4̈o — fik, (IV-24).$$

134. — Septième série. — Sur la voyelle *u* :

$$1̈c + 2̈c + 3̈c + 4̈c — u\text{-}u\text{-}u\text{-}uk \,(V\text{-}1) ;$$
$$1̈o + 2̈o + 3̈o + 4̈o — u\text{-}u\text{-}u\text{-}uk \,(V\text{-}2).$$

135. — Huitième série. — Sur la syllabe *fan* (V-3) :

1̈c — *fan* 分, (diviser) ;
2̈c — *fan* 粉, (poudre) ;
3̈c — *fan* 眠, (dormir) ;
4̈c — *fat* 弗, (ne… pas) ;
1̈o — *fan* 焚, (brûler) ;
2̈o — *fan* 憤, (être fâché) ;
3̈o — *fan* 份, (portion) ;
4̈o — *fat* 佛, (Bouddha).

Cette série de mots a été prononcée par un autre sujet, M. *Lü-tsüen-tsau* 呂俊超, étudiant en droit. Les *f-* initials et les deux *-t* finals du 4̈c et du 4̈o ne sont pas représentés dans le diagramme.

136. — En étudiant les courbes obtenues, nous pouvons constater que le 1̈c est un son descendant. Il commence à la position TH et se termine en MB ou B. Bien qu'on puisse trouver des irrégularités aux commencements de quelques courbes, il est assez rationnel de le fixer comme suit :

TH
\
  MB.

137. — Le ïo est aussi un son descendant. Il commence à peu près à la position MB et se termine généralement en TB :

MB

\

   TB.

Le ïc et le ïo sont donc deux sons ayant la même forme de courbe ; la différence entre eux provient de la position de la courbe.

138. — Le ̈ec est un son montant. Il commence à la position M, ou MH, ou MB, en moyenne M, et se termine en H, ou TH, ou MH, en moyenne H :

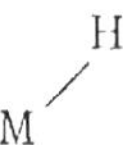

Des irrégularités se trouvent au commencement ou à la fin de quelques courbes ; elles sont néanmoins négligeables.

139. — Le ̈eo est aussi un son montant. En moyenne, il commence à la position MB et se termine en MH :

MH
   /
MB

140. — Le ̈3c et le ̈3o sont plutôt deux sons unis. L'intervalle entre eux est bien petit. En moyenne, ils peuvent être fixés comme suit :

(̈3c)   M+——M+
(̈3o)   M_——M_

141. — Le ̈4c occupe une position variant de TH à MH, en moyenne H. La forme de sa courbe est jusqu'ici encore assez difficile à déterminer : elle peut être ou unie, ou montante, ou descendante. A mon avis, il est possible que ce ne soit pas là ce qui le caractérise, puisque la durée du son est extrêmement courte, et que, dans une telle durée, il est toujoure difficile de déterminer la variation de la hauteur musicale.

Nous pouvons désigner ce ton par un point (qui indique la brièveté), avec un H à côté, pour signifier la position d'ensemble de la courbe :

·H

142. — De même, nous pouvons désigner le *4o* comme suit :

·B

143. — Il résulte de ce qui précède que tous les tons « clairs » occupent une position plus ou moins haute, et que, au contraire, tous les tons « obscurs » occupent une position plus ou moins basse ; cette régularité dans la correspondance des tons et de leur position en facilite singulièrement l'étude.

144. — Elle se retrouve dans les dialectes du Midi (voir § 198). Mais, dans les dialectes de Foukien [1], de Tchauchou (voir planche II, figures 9-16), en un mot, dans tous ceux qui sont intermédiaires entre ceux du Midi et de l'Extrème-Sud, et, comme m'a dit M. *Kau-üan* 高元, phonéticien cantonais (voir § 150), même dans quelques dialectes de la province de Kouangtoung, elle disparaît. Ainsi se pose un problème de linguistique qu'il est assez difficile de résoudre actuellement.

———

145. — Comme je l'ai dit plus haut, les huit tons du cantonais sont bien connus, mais depuis ces dernières années, on a découvert qu'il y en a encore un neuvième : le *4c bis.*

On appelle ce ton en chinois soit « quatrième ton moyen [2] » si l'on se sert des termes « supérieur » et « inférieur » (voir § 62) ; soit « quatrième ton clair spécial [3] », soit encore « quatrième ton ni clair ni obscur [4] », si l'on se sert des termes « clair » et « obscur ».

146. — On s'est d'abord borné, dans une ou deux phrases d'un article de revue, à faire brièvement mention de ce ton. Ce n'est qu'au mois de mai 1922, que grâce à M. *U-cien-xen*, j'ai pu m'en procurer une trentaine d'exemples.

Je les ai fait voir à mon ami cantonais (qui, jusque là, ne connais-

———

1. En 1922, j'ai fait porter mes expériences sur les tons de ce dialecte, mais il ne m'a pas été possible d'en reproduire les courbes dans cet ouvrage.

2. 中入.

3. 特種清入.

4. 不清不濁之入聲.

sait que les huit tons ordinaires), et lui ai demandé s'il y avait des
différences sensibles entre ces exemples et les mots du 4c ou du 4o,
mais il n'a pu se prononcer et me répondre d'une façon absolue, soit
affirmativement, soit négativement.

147. — En choisissant parmi ces exemples dix-neuf des mots les
plus employés dans la langue ordinaire, et en les soumettant aux
expériences, à deux reprises différentes pour chacun d'eux, j'ai
obtenu les 38 courbes suivantes :

[Dans les diagrammes, les consonnes initiales et les -*p*, -*t*, -*k* finals
des mots sont supprimés]

1) — *t'üt* 脫, (ôter), (planche V, figures 4, 5)

2) — *hüt* 血, (sang), (V-6, 7) ;

3) — *süt* 雪, (neige), (V-8, 9) ;

4) — *put* 鉢, (terrine), (V-10,11);

5) — *fak* 法, (loi), (V-12-13) ;

6) — *tsak* 察, (examiner), (V-14, 15) ;

7) — *kik* 結, (nœud), (V-16, 17) ;

8) — *hik* 歇, (pause, cesser), (V-18, 19) ;

9) — *tšik* 節, (section), (V-20, 21) ;

10) — *pak* 博, (vaste, savant), (V-22, 23) ;

11) — *tšok* 作, (faire), (V-24, 25) ;

12) — *kaok* 國, (nation), (V-26, 27) ;

13) — *kèk* 脚, (pied), (V-28, 29) ;

14) — *tšèk* 卓, (indépendant et situé au-dessus des autres),
            (V-30, 31) ;

15) — *pak* 百, (cent), (V-32, 33) ;

16) — *kak* 革, (cuir, révolution), (V-34, 35) ;

17) — *hak* 客, (visiteur), (V-36, 37) ;

18) — *kap* 甲, (carapace), (V-38, 39) ;

19) — *tšip* 接, (recevoir, joindre) (V-40, 41).

148. — Malheureusement, ce ne sont que des exemples isolés,
c'est-à-dire des mots du 4c *bis*, qu'on n'a pu joindre aux mots corres
pondants du 4c ou du 4o. Si on avait pu les soumettre à l'expérimentation, série par série, les résultats auraient été plus con-
cluants.

149. — Toutefois, les courbes obtenues suffisent déjà à montrer :

> que ce 4̈c *bis* est sensiblement très proche du 4̈c, mais très loin du 4̈o ;
>
> que, comme pour le 4̈c et le 4̈o, la forme de la courbe est difficile à déterminer ;
>
> et que la position de la courbe (variant de 0 à 3 tons entiers au-dessus de $ut_2 = 129$) est un peu plus basse que celle du 4̈c (variant de $2\frac{1}{2}$ à $4\frac{1}{2}$ tons entiers au-dessus de ut_2).

150. — Un an après cette expérimentation, en avril 1924, j'ai eu le grand plaisir de recevoir la visite de M. *Kau-üan*, phonéticien cantonais.

Comme il ne pouvait rester à Paris qu'un seul jour, notre discussion s'est trouvée limitée à une heure, dont la plus grande partie fut consacrée à ce neuvième ton.

Il a prononcé devant moi, une dizaine de séries de sons, chaque série comprenant un 4̈c, un 4̈c *bis* et un 4̈o. En les écoutant très attentivement, j'ai trouvé que ces trois 4̈ pouvaient être fixés de la façon suivante :

> (4̈c)   ·H
>
> (4̈c *bis*)   ·MH
>
> (4̈o)   ·B

151. — D'autre part, M. *Kau-üan* a constaté que le 4̈c *bis* n'est, en somme, produit que par une toute petite divergence dans la famille de 4̈c, c'est-à-dire que, autrefois, lorsqu'il n'y avait pas encore de 4̈c *bis*, tous les mots qui se prononcent aujourd'hui au 4̈c *bis* se prononçaient au 4̈c, et jamais au 4̈o.

152. — Dans la langue actuelle, il existe très peu de mots susceptibles de donner la série :

> 1̈c, 2̈c, 3̈c, 4̈c, 4̈c *bis*,
>
> 1̈o, 2̈o, 3̈o, 4̈o ;

ce qu'on trouve souvent, c'est

> 1̈c, 2̈c, 3̈c, 4̈c,
>
> 1̈o, 2̈o, 3̈o, 4̈o,

ou bien :

> ïc, 2̈c, 3̈c, 4̈c *bis*,
> 1̈o, 2̈o, 3̈o, 4̈o,

c'est-à-dire qu'on trouve le 4̈c et le 4̈c *bis* rarement ensemble, dans une même série.

———

Les tons du kiangyinois.

153. — En kiangyinois, il y a quatre tons connus :

> 1̈, 2̈, 3̈, 4̈ ;

mais des phonéticiens spécialistes insistent pour qu'il y en ait sept :

> ïc, 2̈c, 3̈c, 4̈c,
> 1̈o, ... 3̈o, 4̈o.

154. — On peut prononcer un son quelconque dans tous les tons possibles, à l'exception des sons commencés par p', t', k', c', ts, pour lesquels les 1̈o, 3̈o, 4̈o, manquent.

155. — Le 4̈c et le 4̈o sont toujours très brefs. Ils se terminent par un h, c'est-à-dire que, à la fin, le courant sonore est remplacé brusquement par un courant muet.

Tel est le cas dans des mots isolés. Dans le discours continu, ce h ne se trouve plus.

156. — Un son terminé par une nasale quelconque perd sa nasale quand il est prononcé au 4̈c ou au 4̈o. Le 4̈c d'un a, par exemple, est ah, mais celui d'un $añ$ est aussi un ah.

157. — Quand un ai ou un au sont prononcés au 4̈c ou au 4̈o, ils deviennent ah.

Exemples : { ïc — *sai* 三, (trois),
           { 4̈c — *sah* 殺, (tuer) ;
           { ïc — *kau* 高 (haut),
           { 4̈c — *kah* 夾 (presser).

158. — De même, les sons i, ie, $iû$; $ü$ sont devenus ih,

Exemples : { ïc — *si* 西, (ouest),
           { 4̈c — *sih* 雪, (neige) ;

> ïc — *pie* 邊, (bord),
> ¼c — *pih* 筆, (plume) ;
> ïc — *siù* 修, (réparer),
> ¼c — *sih* 雪, (neige) ;
> ïc — *cü* 豬, (cochon),
> ¼c — *cih* 結, (nœud).

159. — Les sons *u* et *œ* sont devenus *oh*.

Exemples :
> ïc — *pu* 波, (la vague),
> ¼c — *poh* 北, (nord) ;
> ïc — *pœ* 搬, (transporter),
> ¼c — *poh* 北, (nord).

160. — Les sons *e* et *û*, et toutes les « voyelles dépendantes » [1] sont devenues *eh*.

Exemples :
> ïc — *pe* 卑, (bas),
> ¼c — *peh* 不, (ne… pas) ;
> ïc — *tû* 多, (beaucoup),
> ¼c — *teh* 得, (obtenir) ;
> ïc — *s:* 絲, (soie),
> ¼c — *seh* 失, (perdre) ;
> ïc — *f:* 夫, (mari),
> ¼c — *jeh* 弗, (ne… pas) ;
> ïc — *ts:* 痴, (fou),
> ¼c — *tseh* 赤, (rouge) ;
> ïc — *tš:* 知, (savoir),
> ¼c — *tšeh* 則, (règle) ;
> ïc — *l:* 兒, (fils),
> ¼c — *leh* 勒, (flanc) ;
> ïc — *m:* 嘸, (non, rien),
> ¼c — *meh* 墨, (encre).

161. — Il n'y a que l'*a* et l'*o* qui ne changent pas.

Exemples :
> ïc — *ca* 加, (ajouter),
> ¼c — *cah* 甲, (carapace) ;

1. Voir *Lang. Nat.*, §§ 96-98.

$\left\{\begin{array}{l}\text{ïc} \;—\; \textit{so} \;沙,\; (\text{sable}), \\ \text{4c} \;—\; \textit{soh} \;說,\; (\text{parler}).\end{array}\right.$

162. — Tous ces phénomènes ne se produisent pas seulement en kiangyinois ; ils sont plus ou moins communs à tous les dialectes du Midi.

———

163. — Pour les tons du kiangyinois, je me suis livré à dix séries d'expériences :

[Les quatres premières séries portent sur des mots isolés]

Première série :

ïc — *i* 衣, (vêtement), (Planche VI, fig. 1) ;
2c — *i* 以, (avec), (VI-2) ;
3c — *i* 意, (opinion), (VI-3) ;
4c — *ih* 一, (un), (VI-4) ;
ïo — ,*i* 移, (transporter), (VI-5) ;
3o — ,*i* 易, (facile), (VI-6) ;
4o — ,*ih* 亦, (aussi), (VI-7).

La virgule placée avant un son veut dire que ce son est obscur, voir §§ 183-217.

164. — Deuxième série :

ïc — *toṅ* 東, (l'est), (VI-8) ;
2c — *toṅ* 懂, (comprendre), (VI-9) ;
3c — *toṅ* 凍, (avoir froid), (VI-10) ;
ïc — *toh* 篤, (honnête), (VI-11) ;
ïo — ,*ioṅ* 同, (même), (VI-12) ;
3o — ,*toṅ* 洞, (trou), (VI-13) ;
4o — ,*toh* 讀, (lire), (VI-14).

165. — Troisième série (sons prononcés anormalement longs) :

ïc — *i* (VI-15) ;
2c — *i* (VI-16) ; [On emploie les mêmes mots que les
3c — *i* (VI-17) ;   quatre premiers de la première
4c — *ih* (VI-18).   série.]

166. — Quatrième série (sons prononcés anormalement courts) :

ïc — *i* (VI-19) ;
2̈c — *i* (VI-20) ;   [On emploie les mêmes mots que les
3̈c — *i* (VI-21) ;   quatre premiers de la première
4̈c — *ih* (VI-22).   série.]

167. — [Les six dernières séries se forment avec les mots en simples combinaisons].

Cinquième série (sons doublés) :

ïc + ïc — *i-i* (VII-1) ;
2̈c + 2̈c — *i-i* (VII-2) ;   [On emploie les mêmes mots
3̈c + 3̈c — *i-i·* (VII-3) ;   que les quatre premiers de
4̈c + 4̈c — *ih-ih* (VII-4).   la première série.]

168. — Sixième série :

ïc + ïc — *i-si* 依稀, (peu clairement), (VII-5) ;
2̈c + 2̈c — *i-ci* 以己, (comme dans la phrase : *i ci ,toh ,sen* 以己度人, juger les autres comme on se juge soi-même), (VII-6) ;
3̈c + 3̈c — *i-c'i* 意氣, (sentiment violent), (VII-7) ;
4̈c + 4̈c — *ih-tsih* 一切, (le tout), (VII-8).

169. — Septième série :

ïc + ïo — *i-,sœ* 依然, (encore comme cela, rien n'a changé), (VII-9)
ïc + 2̈c — *i-xau* 醫好, (guérir), (VII-10) ;
ïc + 3̈o — *i-,cin* 依舊, (comme avant), (VII-11) ;
ïc + 4̈o — *i-,foh* 衣服, (vêtement), (VII-12).

170. — Huitième série :

2̈c + ïo — *i-,ue* 以爲, (croire que...), (VIII-1) ;
2̈c + 2̈c — *ia-xau* 也好, (cela sera aussi bon), (VIII-2) ;
2̈c + 3̈c — *ia-c'ü* 也去, (aller aussi), (VIII-3) ;
2̈c + 4̈c — *s.-teh* 使得, (cela ira bien), (VIII-4).

171. — Neuvième série :

    3o + ïc — ,*tso-t'ie* 昨天, (hier), (VIII-5) ;

    3o + 2c — ,*tso-uai* 昨晚, (hier soir), (VIII-6) ;

    3c + 3c — *i-cie* 意見, (opinion), (VIII-7) ;

    3c + 4c — *i-seh* 意識, (sens, conscience) (VIII-8).

172. — Dixième série :

    4c + ïc — *ih-t'ie* 一天, (un jour), (VIII-9) ;

    4c + 2c — *ih-miau* 一秒, (une seconde), (VIII-10) ;

    4c + 3c — *ih-te* 一對, (une paire), (VIII-11) ;

    4c + 4c — *ih-k'eh* 一刻, (un quart d'heure), (VIII-12).

---

173. — Pour plus de commodité, nous commencerons par l'étude des tons clairs, en laissant provisoirement de côté les tons obscurs. (Dans les diagrammes, les courbes de ces derniers sont tracées en trait pointillé).

Le ïc est un son descendant. Quand il est prononcé séparément, il commence à la position MH, ou H, ou même TH, en moyenne H, et se termine invariablement en TB.

$$H$$
$$\searrow$$
$$TB$$

174. — Mais, quand il se trouve en combinaison avec d'autres, ce n'est plus le cas. Modifiées par les sons qui précèdent ou suivent, ses positions initiale ou finale changent considérablement, et tout ce que l'on peut dire, c'est qu'il est un son descendant. La « descente » est donc la première valeur caractéristique de ce ton.

175. — Le 2c est plutôt un son montant (VI-2 ; -9 ; VII-2, -2e mot ; -6, -2e mot ; VIII-1, -1er mot), mais il arrive qu'il puisse devenir montant-descendant (VI-20 ; VII-2, -1er mot ; -6, -1er mot ; VIII-2, tous les deux mots ; -6, -2e mot ; -10, -2e mot).

176. — Mais, dans un cas ou dans l'autre, c'est toujours dans les courbes de ce ton qu'on trouve le point TH, ou, tout au moins,

H ; et, en même temps, la position de ses courbes est toujours très haute. Par conséquent, nous ne pouvons caractériser ce 3c autrement que comme un son aigu.

177. — Le 3c, quand il est prononcé isolément, est plutôt un son descendant-montant, sans tenir compte d'irrégularités négligeables au commencement ou à la fin de l'émission. Il occupe une position moyenne dans la gamme et peut être approximativement déterminé comme suit :

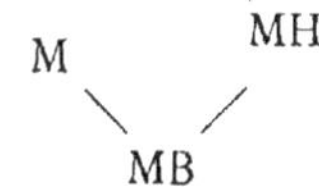

178. — Ce ton est très variable quand il se trouve en combinaison. Il peut devenir, ou bien un son montant simple, ou bien un son descendant simple, ou bien même un son uni. De même, il peut s'élever jusqu'au point TH, ou au contraire, s'abaisser jusqu'au point TB.

On trouve des exemples de ce genre dans les planches VII et VIII.

179. — Le 4c est un son bref et descendant. Toutefois, on trouve des irrégularités au commencement de quelques-unes de ses courbes : il monte un peu ; après quoi, il descend normalement. La position de ses courbes est toujours située dans la gamme supérieure, et, en moyenne, on peut le déterminer comme suit :

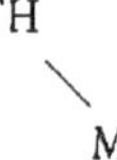

180. — Il est impossible de prolonger ce ton, c'est-à-dire de le prononcer anormalement long. Si on l'essaie, on obtient un résultat contraire à celui qu'on cherche. Au lieu de prolonger le son lui-même, le *h* final devient sonore. Dans ce cas, on entend un son, ou plutôt un bruit tout à fait étrange, et qui ressemble au gémissement douloureux d'une malade. (Voir VI-18.)

181. — Au contraire, si l'on veut prolonger les autres tons, les résultats obtenus seront très intéressants. Les sons ainsi prononcés sont beaux et musicaux. Mais, dans ce cas, on ne peut maintenir les valeurs caractéristiques des tons que tout au commencement ; après une certaine durée, tous les tons continuent sur une voie unie. (Voir VI-15, -16, -17.)

182. — Pour les sons prononcés anormalement de façon brève, les valeurs caractéristiques des tons sont parfaitement conservées.

---

183. — Envisageons maintenant les tons obscurs. Comme nous l'avons vu plus haut (§ 143), la distinction entre les tons clairs et les tons obscurs du cantonais est simple. Mais en kiangyinois et dans tous les dialectes du groupe du Midi, la question est plus complexe.

184. — Les phonologues de l'école classique et les phonéticiens modernes ont déjà beaucoup discuté à ce propos. Jusqu'ici, aucune de leurs observations ne me semble définitive.

185. — Comme il se trouve que je suis natif de cette région, j'aboutis pour la première fois, en recourant à la méthode expérimentale, aux constatations suivantes :

Dans les dialectes de l'Extrême-Sud, la distinction entre les sons clairs et les sons obscurs est *simple*, mais dans les dialectes du Midi, elle est *triple*.

186. — Je dis « simple » parce que, en cantonais par exemple, c'est le ton seul qui exprime la valeur caractéristique de ces deux sortes de sons, c'est-à-dire que, si on prononçait un *a* au ïc et au ïo, le ton du dernier serait plus bas que celui du premier ; et que, de même, quand on prononce un *sa* au ïc et au ïo, ce n'est que le ton de l'*a* qui change, l'*s* étant invariable.

187. — En kiangyinois et dans les dialectes voisins du kiangyinois, nous pouvons classer tous les sons en deux catégories :

1) Ceux qui sont entièrement sonores, *a, i, ai, añ, na, la, ma, mañ,* etc.

2) Ceux qui sont demi-sonores, c'est-à-dire des sons dont les consonnes initiales sont muettes, *pa, ta, sa, p'a, kañ, tai, ciañ,* etc.

188. — Pour les sons clairs et obscurs de la première catégorie, le ton et la durée de la consonne initiale seuls changent.

189. — Pour les sons clairs et obscurs de la deuxième, il faut distinguer trois changements :

1) Le changement de ton,

2) Le changement de qualité des consonnes initiales,
3) Le changement de durée des consonnes initiales.

190. — En ce qui concerne le *changement de ton*, on peut réunir les deux ca tégories. J'ai fait là-dessus dix-neuf séries d'expériences spéciales :

Première série : [1]

> *pa* au ïc, (VIII-13);
> *p'a* au ïc, (VIII-14) ;
> ,*pa* au ïo, (VIII-15).

Deuxième série :

> *ta* au ïc, (VIII-16);
> *t'a* au ïc, (VIII-17) ;
> ,*ta* au ïo (VIII-18).

Troisième série :

> *ca* au ïc, (IX-1);
> *c'a*, au ïc, (IX-2);
> ,*ca* au ïo, (IX-3).

Quatrième série :

> *ka* au ïc, (IX-4) ;
> *k'a* au ïc, (IX-5) ;
> ,*ka* au ïo, (IX-6).

Cinquième série :

> *tša* au ïc, (IX-7) ;
> *tsa* au ïc, (IX-8) ;
> ,*tša* au ïo, (IX-9).

191. — Sixième série :

> *fa* au ïc, (IX-10);
> ,*fa* au ïo, (IX-11).

1. Ici, je dois ajouter quelques mots à propos des cinq premières séries d'expériences. Comme je l'ai dit plus haut (§ 154), il n'y a pas de ton obscur pour les sons commençant par *p'*, *t'*, *c'*, *k'*, *ts*. Au point de vue de la phonétique pure, cette

Septième série :

> *sa* au ïc, (IX-12);
> ,*sa* au ïo (IX-13).

Huitième série :

> *xa* au ïc, (IX-14) ;
> ,*xa* au ïo, (IX-15).

192. — Neuvième série :

> *i* au ïc, (IX-16) ;
> ,*i* au ïo, (IX-17).

Dixième série :

> *u* au ïc, (IX-18) ;
> ,*u* au ïo, (IX-19).

Onzième série :

> *ü* au ïc, (X-1) ;
> ,*ü* au ïo, (X-2).

Douzième série :

> *a* au ïc, (X-3) ;
> ,*a* au ïo, (X-4).

Treizième série :

> *o* au ïc, (X-5) ;
> ,*o* au ïo, (X-6).

observation est très exacte. Mais au point de vue de l'orthographe ou bien de la phonétique historique, on peut aussi dire que le ,*pa* par exemple, est un son obscur commun au *pa* et au *p'a*. Par suite, nous avons :

SONS CLAIRS	SONS OBSCURS	S.C.	S.O.	S.C.	S.O.
pa *p'a*	,*pa*	*ta* *t'a*	,*ta*	*ca* *c'a*	,*ca*
ka *k'a*	,*ka*	*tša* *tsa*	,*tša*		

Quatorzième série :

e au ïc, (X-7) ;
,*e* au ïo, (X-8).

193. — Quinzième série :

la au ïc, (X-9) ;
,*la* au ïo, (X-10).

Seizième série :

ma au ïc, (X-11) ;
,*ma* au ïo, (X-12).

Dix-septième série :

na au ïc, (X-13) ;
,*na* au ïo, (X-14).

Dix-huitième série :

ṅa au ïc, (X-15) ;
,*ṅa* au ïo, (X-16).

Dix-neuvième série :

ṅa au ïc, (X-17) ;
,*ṅa* au ïo, (X-18).

194. — En étudiant les courbes obtenues, on constate que le ïc, de tous les sons en voyelle simple et de tous ceux qui ont une consonne initiale muette, est un son descendant simple. Il commence sur une position très haute, et se termine au point TB[1].

Le ïo est un son montant-descendant. Il commence sur une position moins haute ; et, après avoir monté durant un certain temps, il rejoint la courbe du ïc ; après quoi, il descend normalement.

[Ces observations ne comportent que très peu d'irrégularités

1. Les courbes montrent que le ton de *p'a*, de *t'a*, etc. approche de très près de *pa*, *ta*, etc., tout en étant situé un peu plus bas. Un fait de ce genre est chose naturelle, puisque les sons qui suivent un *h* sont toujours sensiblement moins hauts.

dans les cinquième et huitième séries d'expérimences, c'est-à-dire celles qui portent sur les sons *tša, tsa, ,tsa ; xa, ,xa.*]

Le changement de ces deux sortes de sons peut être schématiquement représenté comme dans la Figure VIII-A.

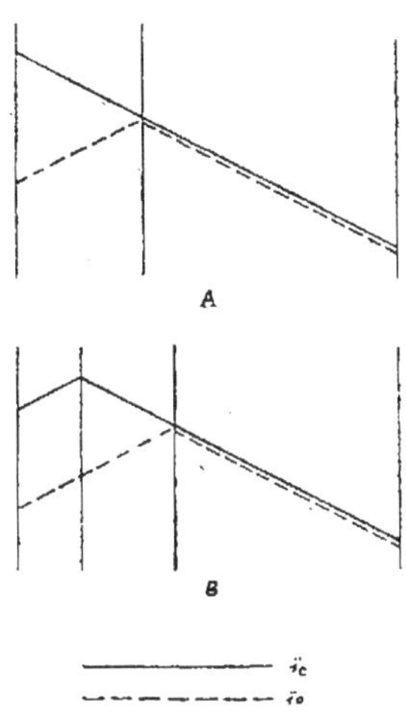

Fig. VIII.

195. — Pour les sons commençant par *l, m, n, ṅ, ń,* il en va différemment.

Le ïc est un son montant au début, c'est-à-dire pendant le cours de l'émission de la consonne ; mais à mesure que la voyelle fait son apparition, il change de sens et descend normalement.

Le ïo commence sur une position beaucoup plus basse que celle du ïc. Il monte pendant l'émission de la consonne, et continue à monter jusqu'au tiers ou même jusqu'à la moitié de la voyelle ; après quoi, il descend normalement.

Par conséquent, on peut représenter schématiquement le changement de ces deux sortes de sons comme dans la Figure VIII-B.

196. — Mais, dans un cas ou dans l'autre, ce qui est évident c'est que la partie initiale d'un ïo est plus basse que celle d'un ïc, et que la partie finale de tous deux est identique.

197. — A l'oreille, le rapport entre le 3̈c et le 3̇o, ou bien entre le 4̈c et le 4̇o est exactement le même que celui qui existe entre le 1̈c et le 1̈o. Aussi, en linguistique pratique, cette conclusion s'applique-t-elle à tous les tons du dialecte.

198. — Mais, en étudiant les courbes obtenues (voir VI-6, -7, -13, 14 ; VII-11, -2ᵉ mot ; 12, -2ᵉ mot ; VIII-5, -1ᵉʳ mot ; -6, -1ᵉʳ mot), on observe que ce n'est pas seulement la partie initiale du 3̇o ou du 4̇o qui est plus basse que celle du 3̈c ou du 4̈c, la partie finale est tout aussi bien modifiée par ce qui la précède, c'est-à-dire que la position d'ensemble des courbes est dans une gamme plus ou moins basse, ce qui est à peu près le même phénomène que celui constaté en cantonais (§ 143).

199. — Ce changement de ton (§ 189) n'est que l'un des trois rapports entre sons clairs et sons obscurs. Disons tout de suite que, pour les deux autres, c'est encore la partie initiale qui joue le rôle principal.

200. — *Changement de qualité des consonnes initiales.*

Ce changement est simple et régulier ; il se limite aux sons dont les initiales sont *p, t, c, k, tš, s, f, x.*

Pour les sons clairs (dans n'importe quel ton), toutes ces initiales ne changent pas : ce sont toujours des consonnes muettes.

Pour les sons obscurs, ce sont des consonnes muettes, lorsqu'ils sont prononcés dans un mot isolé ou bien au commencement d'une phrase, c'est-à-dire lorsqu'aucun élément sonore ne les précède.

Mais dans le courant du discours, quand ils se placent après une voyelle ou un élément sonore quelconque, ils deviennent des consonnes sonores.

201. — Par conséquent, le ͵p par exemple, dans le mot ͵pah (blanc), et dans la locution miň-͵pah (clair), n'est pas le même : le premier étant un p, le deuxième un b.

202. — Pour illustrer ce fait, nous donnons, Fig. IX, des tracés de quelques exemples de ce genre :

A

B

C

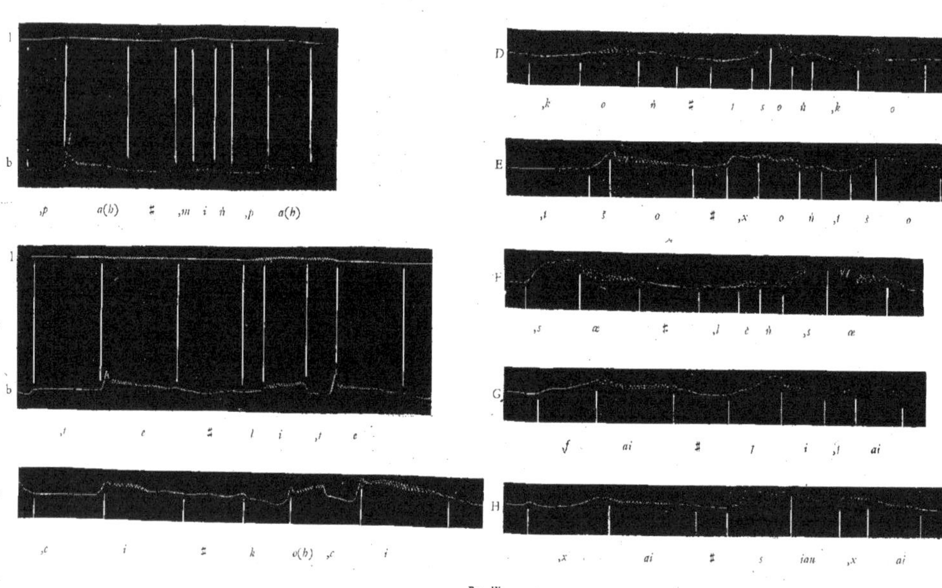

Fig. IX.

A et B, larynx (l) et bouche (b); C à H, bouche seule.
[On trouve quelques vibrations à la fin du ,t dans le mot ,te prononcé séparément, mais en comparant avec le ,t dans la locution li-,te, ces vibrations sont assez négligeables.]

A. — I   ,*pah* 白, (blanc),
    II   *miñ-*,*pah* 明白, (clair);
B. — I   ,*te* 頭, (tête),
    II   *li-*,*te* 裡頭, (intérieur);
C. — I   ,*ci* 旂, (drapeau),
    II   *koh-*,*ci* 國旂, (drapeau national) ;
D. — I   ,*koñ* 共, (ensemble),
    II   *tšoñ-*,*koñ* 總共, (tout ensemble, le total) ;
E. — I   ,*tšo* 茶, (thé),
    II   ,*xoñ-*,*tšo* 紅茶, (thé rouge);
F. — I   ,*sœ* 船, (bateau),
    II   ,*lèñ-*,*sœ* 輪船, (bateau à vapeur);
G. — I   ,*fai* 凡, (ordinaire),
    II   *fi-*,*fai* 非凡, (extraordinaire) ;
H. — I   ,*xai* 孩, (enfant),
    II   *siau-*,*xai* 小孩, (petit enfant).

203. — Ce changement est très régulier, et on n'y trouve presque pas d'exceptions. Mais à l'oreille, il est peu appréciable. On regarde toujours comme étant le même, le ,*p* de ,*pah* et le ,*p* de *miñ-*,*pah* ; et, en transcription romanisée, on emploie plutôt des consonnes sonores (b, d, g, z, etc.) pour représenter les phonèmes en question, soit bah, ming-bah, etc.

204. — Revenons aux initiales muettes dans les sons clairs. Comme je l'ai dit (§ 200), elles ne changent pas. Mais dans le courant du discours, il est possible que se produisent des changements involontaires, car, sans en avoir conscience, on peut prononcer une consonne sonore au lieu d'une muette.

C'est le *x* qui est le plus souvent susceptible d'un tel changement (Voir VII-10, -2ᵉ mot et VIII-2, -2ᵉ mot, où les deux *x* sont devenus x,   étant le signe spécial de ce changement involontaire). Pour les *s* et *f*, il se produit rarement ; pour les *p, t, c, k, tš*, presque jamais.

205. — Le phénomène se retrouve en cantonais, où l'on considère que les initiales *p, t, k, s, f, h*, sont toujours muettes et invariables. Mais, comme le montre l'expérimentation, le '*h*, frère de x kiangyinois, est toujours sonore, lorsqu'il se prononce dans le courant du discours. (Voir les six sixièmes mots planche XVIII -1, -2, -3, -4, -5, -6).

206. — Le dit changement est de peu d'importance en linguistique pratique, parce que, quoiqu'un x soit changé en x, ce qu'on entend à l'oreille est bien encore un x. Quand une locution *iŭ-xŭ* (2c + 3c) 有貨, (il y a des marchandises), par exemple, est involontairement prononcée comme *iŭ-xŭ*, elle reste aussi significative que si elle était convenablement prononcée, et on n'a pas à craindre qu'elle soit confondue avec *iŭ-,xŭ* (2c + 3o) 有禍, (il y a du malheureux).

207. — Dans ce cas, au point de vue de la qualité des consonnes, on ne peut douter que le x et le $,x$ soient à peu près identiques, car ils sont tous deux sonores. Mais, comme la sonorité du x est sensiblement plus faible que celle du $,x$ et que les tons des voyelles qui suivent ne sont pas les mêmes, on peut encore saisir sans difficulté la différence caractéristique entre les mots.

208. — *Changement de durée des consonnes initiales.*

On peut voir au premier coup d'œil que dans les planches VI, VIII, IX, X, la consonne initiale d'un son clair est, pour la plupart des cas, plus longue que celle d'un son obscur correspondant, c'est-à-dire que :

$$t > {,}t \quad \text{(VI-10, -13)} ;$$
$$t > {,}t \quad \text{(VI-11, -14)};$$
$$t > {,}t \quad \text{(VIII-16, 18-)};$$
$$c > {,}c \quad \text{(IX-1, -3)};$$
$$k > {,}k \quad \text{(IX-4, -6)};$$
$$f > {,}f \quad \text{(IX-10, -11)};$$
$$s > {,}s \quad \text{(IX-12, -13)};$$
$$x > {,}x \quad \text{(IX-14, -15)};$$
$$l > {,}l \quad \text{(X-9, -10)};$$
$$m > {,}m \quad \text{(X-11, -12)};$$
$$n > {,}n \quad \text{(X-13, -14)};$$
$$ń > {,}ń \quad \text{(X-17, -18)}.$$

209. — Dans une autre série d'expérimentations, faites exclusivement pour résoudre cette question, j'ai obtenu absolument les mêmes résultats.

Ces expérimentations portent sur les huit couples de sons suivants :

sa au ïc et *,sa* au ïo,
fa » *,fa* »
xa » *,xa* »
la » *,la* »
ma » *,ma* »
na » *,na* »
ṅa » *,ṅa* »
n̂a » *,n̂a* »

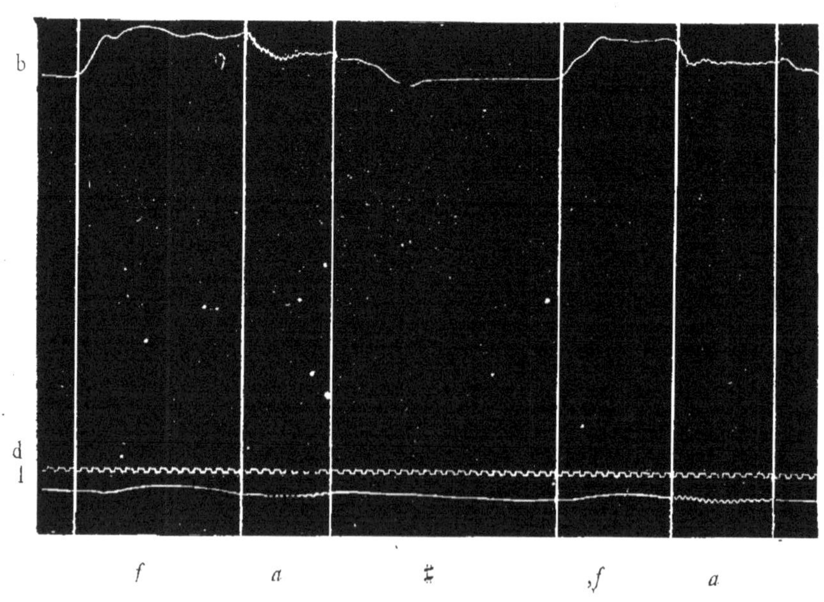

Fig. X.

A. — bouche (b), diapason 50 V. D. sec. (d), et larynx (l).

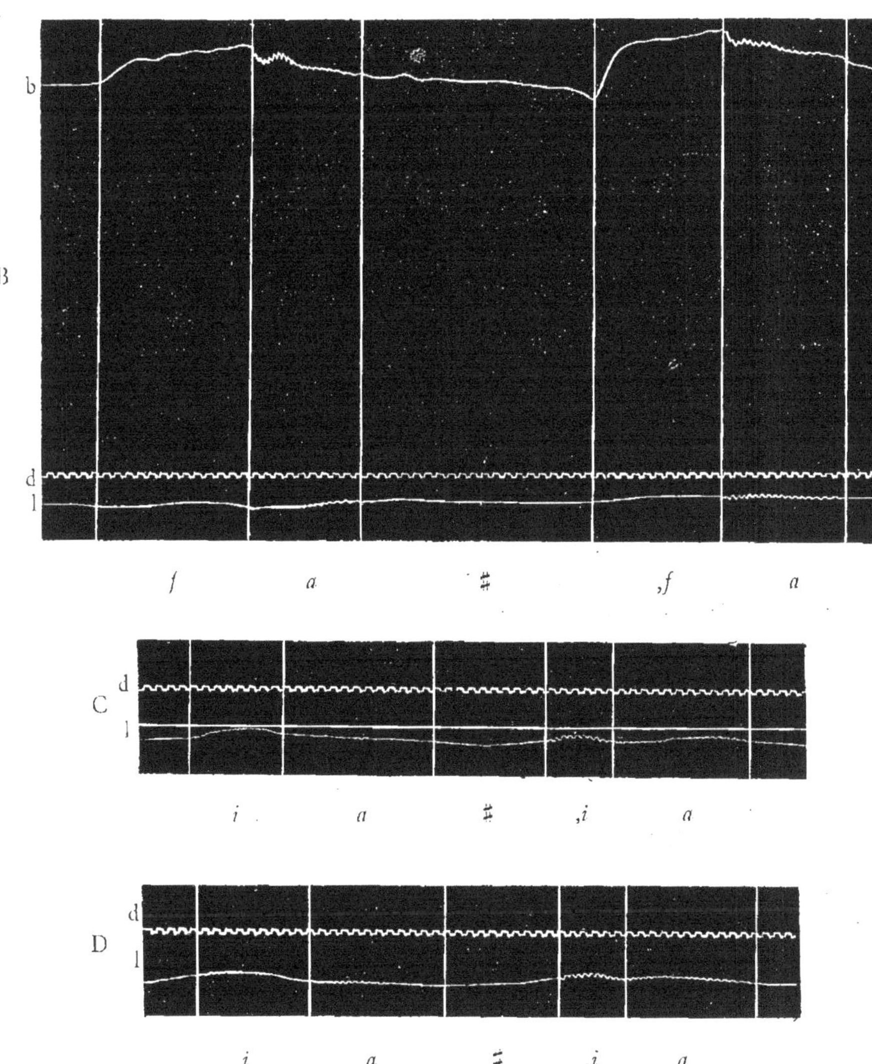

B. — bouche (b), diapason 50 V. D. sec. (d), et larynx (l).
C et D. — diapason et larynx.

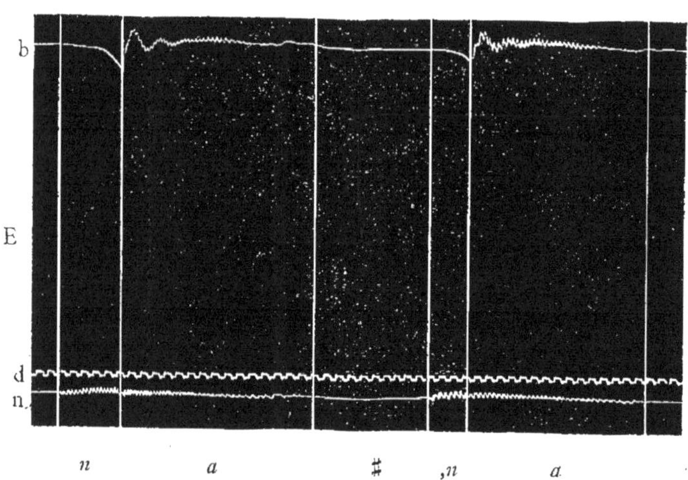

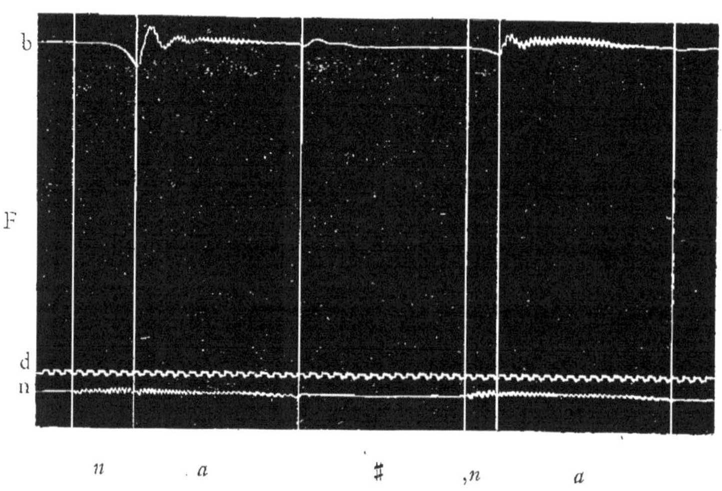

E et F. — bouche, diapason et nez (n).

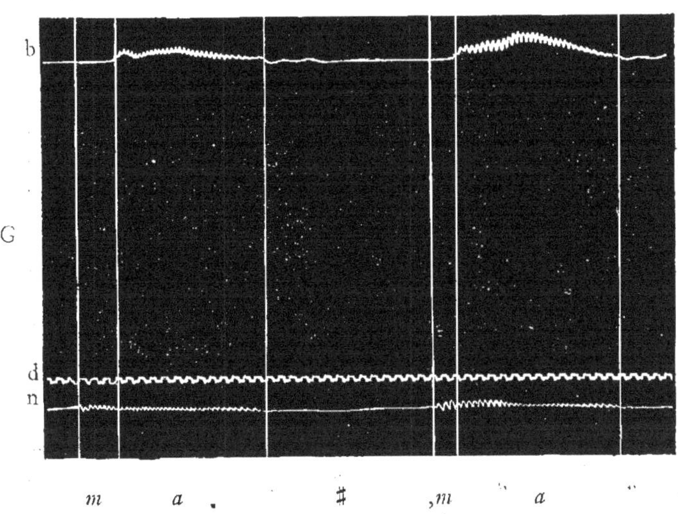

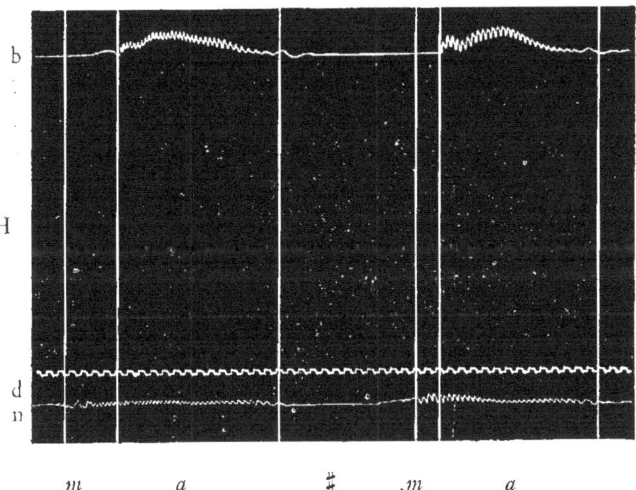

G et H. — bouche, diapason et nez.

J'ai inscrit chaque couple dix fois successivement et j'ai compté le temps au moyen d'un diapason électrique dont j'ai fait inscrire les notations parallèlement avec la plume du tambour.

Je donne les résultats ainsi obtenus, Table IV, le centième de seconde étant pris comme unité de temps, et la lettre M désignant la moyenne de chaque groupe de dix expérimentations.

Tous les chiffres mis en *italique* désignent les exceptions, c'est-à-dire qu'on a, par exemple, un $s < {,}s$ ou bien un $s = {,}s$, au lieu d'un $s > {,}s$, et ces $<$ et $=$ sont aussi marqués dans la Table, à côté des chiffres correspondants.

210. En comparant le tout, nous avons :

$$
\begin{array}{lllll}
\text{Initials clairs} & > & \text{initials obscurs} & .. & \text{59 fois,} \\
\text{»} & » \; < & » \qquad » & .. & \text{18 fois,} \\
\text{»} & » \; = & » \qquad » & .. & \text{3 fois,} \\
& & \text{Total :} & & \text{80 fois.}
\end{array}
$$

211. — Et en comparant les moyennes, nous avons :

$$
\begin{array}{llll}
\text{Moy. de } s \; - & \text{Moy. de} & {,}s = & 3{,}92 \\
\text{»} \quad f \; - & » & {,}f = & 1{,}32 \\
\text{»} \quad x \; - & » & {,}x = & 2{,}78 \\
\text{»} \quad l \; - & » & {,}l = & 2{,}04 \\
\text{»} \quad m \; - & » & {,}m = & 1{,}14 \\
\text{»} \quad n \; - & » & {,}n = & 2{,}36 \\
\text{»} \quad \acute{n} \; - & » & {,}\acute{n} = & 0{,}82 \\
\text{»} \quad \hat{n} \; - & » & \acute{n}{,} = & 3{,}00 \\
& \text{Somme :} & & \overline{17{,}38}
\end{array}
$$

$$
\text{Moyenne} = \frac{17{,}38}{8} = 2{,}17, \text{ soit en chiffre rond, 2 centièmes de seconde.}
$$

212. — Une différence de durée de 2 centièmes de seconde est assurément bien petite. Mais, en phonétique, on rencontre souvent des faits assez faciles à remarquer, quoique d'importance négligeable, et des phénomènes très minimes, qui sont cependant caractéristiques.

TABLE IV

	s	a		$,s$	a
(1)	27,4	16,2		25,0	21,2
(2)	29,0	19,4		19,2	19,0
(3)	24,2	20,6		21,4	21,6
(4)	20,8	19,8	<	24,4	21,2
(5)	26,4	20,4		20,2	22,6
(6)	32,4	17,2		29,4	19,6
(7)	29,2	15,4		20,4	17.4
(8)	26,6	19,6		22,0	22,0
(9)	25,4	19,8		23,4	18,8
(10)	23,8	18,6		20,8	19,0
M	26,52	18,70		22,62	20,24

	f	a		$,f$	a
(1)	20,6	24,0		19,4	27,0
(2)	27,6	22,6		22,2	26,0
(3)	21,8	23,8	<	23,8	25,4
(4)	25,6	24,0		24,2	23,4
(5)	27,6	19,2		22,6	24,4
(6)	22,4	23,4	<	26,8	23,4
(7)	20,4	23,4	<	23,6	22,6
(8)	22,2	24,8		21,4	21,8
(9)	28,2	22,4		26,0	23,6
(10)	27,2	26,2		20,4	21,2
M	24,36	23,38		23,04	23,88

	m	a		$,m$	a
(1)	8,6	25,0		5,2	30,6
(2)	9,6	31,6		8,4	27,0
(3)	6,4	28,0	<	8,2	29,2
(4)	8,6	25,0		6,2	30,4
(5)	5,0	26,6		3,6	26,6
(6)	6,4	26,6		5,4	30,6
(7)	10,4	28,6		8,0	30,8
(8)	8,4	28,6		8,2	28,6
(9)	7,4	31,0		4,6	30,2
(10)	6,8	31,8	<	8,4	26,8
M	7,76	28,28		6,62	29,08

	n	a		$,n$	a
(1)	9,6	31,8		7,2	31,6
(2)	8,4	30,2	=	8,4	28,0
(3)	8,0	26,6		7,4	29,8
(4)	8,4	28,4		7,6	30,0
(5)	8,2	27,6		7,4	28,4
(6)	8,6	30,2		4,8	27,4
(7)	9,0	27,2		3,6	28,0
(8)	8,2	29,8		4,4	30,6
(9)	8,0	28,6		6,8	27,2
(10)	10,2	29,8		5,4	28,2
M	8,66	29,02		6,30	28,92

TABLE IV (*suite*).

	x	*a*		*,x*	*a*
(1)	21,4	24,4		20,4	27,2
(2)	27,0	25,2		16,2	26;0
(3)	24,4	20,2		22,2	24,4
(4)	25,6	22,0		25,4	23,8
(5)	23,8	22,2	<	24,0	26,8
(6)	20,2	25,0	<	23,2	28,6
(7)	26,4	27,0		16,4	30,2
(8)	22,6	26,4		19,2	29,8
(9)	26,0	26,0		27,2	24,6
(10)	25,8	24,2		21,2	23,4
M	24,32	24,26		21,54	26,48

	l	*a*		*,l*	*a*
(1)	14,8	19,0		10,4	25,6
(2)	15,4	24,6		11,2	23,6
(3)	11,4	26,4	<	11,6	27,6
(4)	16,4	25,0		7,2	25,6
(5)	11,8	24,2		11,4	23,0
(6)	11,4	24,4	<	13,4	24,4
(7)	13,2	20,0	<	16,4	23,6
(8)	13,8	22,8		14,0	20,0
(9)	17,2	14,0	<	19,0	14,0
(10)	16,2	18,8		6,6	17,6
M	14,16	21,92		12,12	22,50

	ń	*a*		*,ń*	*a*
(1)	8,8	30,0	<	9,2	29,4
(2)	6,8	26,8	—	6,8	28,6
(3)	11,2	24,4		5,8	29,0
(4)	9,2	27,4		6,6	25,4
(5)	13,6	23,4		13,2	25,0
(6)	14,4	24,0	<	17,0	25,0
(7)	6,2	25,4	=	6,2	25,0
(8)	9,4	17,8		5,2	25,6
(9)	6,0	21,6	<	6,8	24,2
(10)	4,2	22,4	<	4,8	24,0
M	8,98	24,32		8,16	26,12

	n̂	*a*		*,n̂*	*a*
(1)	9,4	27,4		5,6	28,6
(2)	10,6	24,4		5,2	31,2
(3)	11,0	30,2		5,2	27,6
(4)	11,4	32,6		6,6	30,4
(5)	12,0	27,8		7,4	30,6
(6)	6,6	28,8	<	9,2	33,2
(7)	13,0	30,8		6,0	29,4
(8)	9,6	28,4		8,2	32,2
(9)	8,8	32,8		7,8	27,4
(10)	8,6	36,6	<	9,8	31,4
M	10,10	29,98		7,10	30,20

213. — Il résulte de ce qui précède que cette question du son clair et du son obscur est complexe, et que la transcription phonétique ne nous offre aucun moyen de rendre parfaitement et théoriquement la différence entre ces deux sortes de sons.

214. — D'après la méthode de *fan-tsie* [1], les phonologues de l'école classique considèrent que tous les sons, même les voyelles pures, se composent de deux éléments : le pré-phonème et le post-phonème. En appliquant ce principe à l'étude de notre question, on dit que la différence entre le son clair et le son obscur est une fonction du pré-phonème, et que la différence entre les divers tons est une fonction du post-phonème ; c'est ce qui explique (§ 153) que seuls les quatre tons soient bien connus.

215. — Une observation de ce genre ne concorde pas avec tous les faits phonétiques, puisque, quand un son clair est changé en son obscur, le ton de la voyelle est changé en même temps. Mais, à tout prendre, ce qui change le plus, c'est encore la partie initiale (pré-phonème), non pas la partie finale (post-phonème). Aussi, en linguistique pratique, vaut-il mieux s'en tenir à l'observation des phonologues de l'école classique, et est-il tout à fait raisonnable de considérer que le rapport clair-obscur est généralement la fonction ou la propriété de la partie initiale des sons.

216. — C'est la raison pour laquelle j'adopte, comme notation du son obscur, une virgule [2] placée devant le son clair correspondant et désignant toutes les fonctions du son obscur.

217. — Dans les ouvrages des sinologues européens, les sons obscurs sont représentés soit par des semi-voyelles, soit par des consonnes sonores. Exemples : yi = ,i, wu = ,u, da = ,ta, etc.

On peut se servir d'une transcription de ce genre. Mais elle est imparfaite, parce qu'il n'y a pas de signe pour représenter les ,o, ,a, ,e, ,l, ,m, ,n, etc.

---

1. Voir *Lang. Nat.*, § 104 et suiv.
2. *Ibid.*, § 58.

218. — En kiangyinois, le 2o est perdu. Par conséquent, tous les mots qui se prononçaient dans ce ton se prononcent' aujourd'hui dans un autre ton.

Comme je l'ai dit (§ 119), les dialectes du Midi se parlent dans la région qui comprend le tiers méridional de la province de Kiangsou et le tiers septentrional de la province de Tchéhkiang. Et nous pouvons dire que la région où s'observe cette perte du 2o se trouve approximativement à la limite des deux provinces : le ton en question a disparu dans les dialectes du tiers méridional de Kiangsou, tandis que dans ceux du tiers septentrional de Tchéh-kiang, il s'est encore maintenu.

219. — Pour savoir ce que ce 2o est devenu, j'ai étudié tous les mots-exemples ' de ce ton dans les vingt tables du *Tsie-üen-tš:-tšah-t'u* 切 韻 指 掌 圖, ouvrage attribué à *S:-ma-kuah* 司 馬 光, du XIe siècle, et je donne le resultat de mes recherches dans la Table V (o = 3o, ● = 2c, les autres tons étant indiqués comme d'habitude, ïc, 2c, etc.).

Il est bien évident qu'on peut classer en deux catégories les sons des mots qui dérivent du 2o : le o et le ●.

Ceux qui sont devenus le o, sont les mots dont les pré-phonèmes sont :

(3)	羣 :	7 o,	3	exceptions.
(7)	定 :	13 o,	3	»
(11)	澄 :	10 o,	1	»
(15)	並 :	13 o,	2	»
(19)	奉 :	5 o,	1	»
(23)	從 :	11 o,	6	»
(25)	斜 :	3 o,	sans	»
(28)	狀 :	5 o,	3	»
(30)	禪 :	11 o,	sans	»
(33)	匣 :	16 o,	9	»
Total :		94 o,	28	exceptions.

<hr>

1. A l'exception de quelques-uns rarement employés et dont les prononciations sont peu déterminées.

TABLE V

	1	2	3	4	5	6	7	8	9	10
3 參			巨 (cü)	舅 (cü)	儉 (cie)	喋 (cia)	伴 (cie)	圈 (c'ia) 蛸 (cia)	近 (cin)	
4 疑	咬 (ñau)		五 (u) 語 (ü)	藕 (ñe)			眼 (ñai)	阮 (ie; ñie)		
5 定	道 (tau) 兎 (tiau)	動 (toñ)	杜 (ta)	嗷 (tai)	嗷 (t'ai) 箪 (tai; tie)		但 (tai) 珍 (c'ie)	斷 (tœ; tœ)		圉 (ten)
8 泥	惱 (ñau)		弩 (nü)					暖 (nœ)		
11 澄	擎 (sau)	重 (tšoñ)	佇 (cü; se)	尉 (tke)	湛 (tša)	朕 (tšeñ)	遭 (sœ)	篆 (tša)	絅 (sœ)	
12 娘			女 (ñü)	狃 (ña)			趁 (tsen)	報 (nai; ne)		
15 並	抱 (pau) 鮑 (pau)		簿 (pu)	郙 (pu)				伴 (pœ) 辨 (pie) 辧 (ple)		牝 (miñ)
16 明	卯 (mau) 聏 (miau)		姥 (mü)	母 (mü)				滿 (ma) 免 (mie) 緬 (umie)		懣 (ma) 愍 (miñ) 泯 (miñ)
19 奉		奉 (ñoñ)	父 (fu)	婦 (fu)	范 (tai)			飯 (fai)		憤 (feñ)
20 微			武 (fu)					晚 (uai; mœ)		吻 (feñ; fen)
23 從	皁 (sau)		粗 (tsu) 豵 (tšu)	漱 (tsiü)	漸 (tšie)	叢 (tšeñ)	瓚 (tšai; tšai) 踐 (tšie)	高 (tšin)	盡 (tsin)	
25 斜			叙 (tšü)							
27 牀	擎 (sau)		鮖 (tšü)		湊 (io; tšai)		棧 (tšai)	撰 (tšai) 篡 (tša)		
30 禪	紹 (sau)		豎 (šu)	受 (še)		甚 (šeñ) 善 (še)			腎 (šeñ)	盾 (teñ)
33 匣	皓 (xau)		戶 (u)	厚 (xe)	頷 (xœ) 檻 (k'a)		旱 (xœ) 限 (xai) 峴 (ñie)	緩 (uœ) 侗 (cie) 浹 (ie)	很 (xeñ)	混 (ueñ)
34 喻		勇 (ioñ)	雨 (ü) 與 (ü)	有 (iu) 酉 (iu)		潭 (tœ)	衍 (le)	遠 (ie)	引 (in)	殞 (uioñ) 尹 (in)
35 來	老 (lau) 了 (liau)	隴 (loñ)	睿 (ia) 呂 (lü)	婁 (le) 柳 (le; liœ)	覽 (lai) 臉 (lie) 飲 (lie)	廩 (liñ)	嬾 (lai) 肇 (ñie)	卯 (lü) 儹 (lie)	嶙 (liñ)	
36 日	擾 (sau) 爾	冗 (soñ)	汝 (ñü)	躁 (tœ)	冉 (sœ)	荏 (señ)		輭 (ñie)	恩 (señ)	

11	12	13	14	15	16	17	18	19	20

220. — Ceux qui sont devenus le •, sont les mots dont les pré-phonèmes sont :

$$
\begin{array}{llll}
(4)\ 疑: & 11\ \bullet, & 5 & \text{exceptions.} \\
(8)\ 泥: & 7\ \bullet, & 1 & » \\
(12)\ 娘: & 3\ \bullet, & 2 & » \\
(16)\ 明: & 18\ \bullet, & 3 & » \\
(20)\ 微: & 4\ \bullet, & 1 & » \\
(34)\ 喻: & 17\ \bullet, & 3 & » \\
(35)\ 來: & 19\ \bullet, & 5 & » \\
(36)\ 日: & 10\ \bullet, & 1 & » \\
\end{array}
$$

Total :   89 •,   21 exceptions.

221. Dans un article sur le système de l'Alphabet de *Şeu-uen*, 守溫, que j'ai publié dans le *Kuo-śio-ci-k'an*, 國學季刊, « Revue trimestrielle de sinologie », n° 3, Pékin, 1924, je constate que, dans la prononciation classique :

le pré-phonème (3) 羣, se prononce comme			,k-
»	(7) 定,	»	»	,t-
»	(11) 澄,	»	»	,t-
»	(15) 並,	»	»	,p-
»	(19) 奉,	»	»	,f-
»	(23) 從,	»	»	,$l\check{s}$-
»	(25) 斜,	»	»	,s
»	(28) 牀,	»	»	,$l\check{s}$-
»	(30) 禪,	»	»	,s-
»	(33) 匣,	»	»	,x-
»	(4) 疑,	»	»	,n-
»	(8) 泥,	»	»	,n-
»	(12) 娘,	»	»	,$\hat{n}$-
»	(16) 明,	»	»	,m-
»	(20) 微,	»	»	w- dans le mot flamand « wrocht » (travailla).
»	(34) 喻,	»	»	,i- ou ,u-
»	(35) 來,	»	»	,l-
»	(36) 日,	»	»	,r-

ce qui permet de conclure que le changement des tons dont nous
nous occupons ici est des plus réguliers.

Les tons du pékinois.

222. — Étudier les tons du pékinois est chose à la fois plus simple
et plus difficile, — plus simple parce qu'ils sont moins nombreux ;
plus difficile, parce qu'ils posent des problèmes que jusqu'ici on
n'a pu résoudre définitivement.

223. — On dit généralement qu'il n'y a que quatre tons en
pékinois. Ce sont : le ïf, le ïm, le 2̈, le 3̈. Mais on ne sait cependant si le 4̈, qui n'est plus perçu à l'oreille, a véritablement disparu.

224. — Les courbes obtenues dans mes six premières séries
d'expériences suppriment cette indécision :

Première série, sur la voyelle i :

    ïf — i 衣, (vêtement), (XI-1) ;
    ïm — i 誼, (idée, amitié), (XI-2) ;
    2̈ — i 以, (avec), (XI-3) ;
    3̈ — i 義, (action conforme à la moralité), (XI-4);
    (4̈) — i 益, (profit), (XI-5).

Deuxième série, sur les même mots que ceux de la première
série, mais prononcés plus lentement (XI-6, -7, -8, -9, -10).

Troisième série, toujours sur les mêmes mots, mais prononcés
plus vite (XI-11, -12, -13, -14, -15).

225. — Quatrième série, sur la voyelle u :

    ïf — u 烏, (noir, corbeau), (XI-16);
    ïm — u 無, (non, rien), (XI-17) ;
    2̈ — u 五, (cinq), (XI-18) ;
    3̈ — u 霧, (brouillard), (XI-19);
    (4̈) — u 屋, (maison), (XI-20).

Cinquième série, sur les mêmes mots que ceux de la quatrième, mais prononcés plus lentement (XI-21, -22, -23, -24, -25).

Sixième série, sur les mêmes mots, prononcés plus vite (XI-26, -27, -28, -29, -30).

226. — Dans ces expérimentations, nous supposons que le ï existe encore, et nous mettons dans les diagrammes toutes les courbes de ce ton en traits pointillés.

D'après ce que m'a dit mon sujet, et à en juger seulement par l'ouïe, le mot *i* 益, (profit), doit être un son identique au mot *i* 誼, (idée) ; et le mot *u* 屋, (maison), au mot *u* 烏, (noir), — c'est-à-dire que, dans le premier cas, le ï devient ïm, et que, dans le deuxième, il devient ïf. Les courbes obtenues par nous montrent que ces observations directes sont tout à fait justes, la seule exception étant la courbe de XI-20, qui ressemble plutôt à celle de XI-19 qu'à celle de XI-16. Mais, quoique ce cas soit exceptionnel, ce qui est évident c'est que le ï ne possède pas lui-même de valeur spéciale : tantôt il devient un ton A, tantôt un ton B. Donc, il a véritablement disparu du dialecte.

227. — Ceci posé, nous pouvons procéder à l'examen des valeurs caractéristiques des quatre tons existants.

Le ï est plutôt un son uni. Quand il est prononcé normalement ou lentement, il monte tout doucement dans la première moitié de l'émission et descend tout doucement dans la deuxième moitié, et à tout prendre, la courbe peut être considérée comme unie. Sa position est généralement tout près du point H :

H —— H

228. — Mais, quand il est prononcé vite, il monte et descend brusquement, au lieu de doucement ; c'est donc un son montant-descendant. Pourtant, à l'oreille, il laisse encore la même sensation, celle d'un son uni.

229. — Le ïm est un son dont la plus grande partie est dans la direction ascendante ; vers la fin de l'émission, il descend un peu. Si cet infléchissement final est négligeable, nous pouvons déterminer ce ton comme suit :

H
/
MB

230. — Mais à l'oreille, le rapport entre le ï*f* et le ï*m* du pékinois est à peu près le même que celui qui existe entre le ï*c* et le ï*o*
du kiangyinois, c'est-à-dire que le commencement du ï*m* est plus
bas que celui du ï*f*, mais que l'un et l'autre se terminent pareille-
ment. Par conséquent, si le ï*f* est noté par H ——— H, le ï*m* doit
être noté par :

$$H \longrightarrow H$$
$$MB$$

231. — C'est pour cette raison qu'on a considéré ces deux tons
comme un seul son, dénommé ï, *f* et *m* étant employés pour en
indiquer les différences initiales.

232. — Chez les phonologues ou les phonéticiens chinois, on
discute aujourd'hui encore sur le rapport clair-obscur du Midi et le
rapport masculin-féminin du Nord : quelques auteurs affirment
que les deux sont identiques, mais d'autres disent qu'ils sont
fondamentalement différents.

233. — Mes recherches personnelles m'ont permis de constater que ces deux rapports sont partiellement identiques et partiellement différents.

Comme nous l'avons vu, dans les dialectes du Midi, le commencement d'un son obscur est toujours plus bas que celui du
ton clair correspondant, mais à la fin, tous deux sont à la même
hauteur.

En comparant cette conclusion avec ce que j'ai dit plus haut
(§ 230), on remarque que :

f : *m* est à peu près pareil à *c* : *o*. C'est pourquoi je puis dire
que les deux rapports en question sont partiellement identiques.

234. — Mais en pékinois, il n'y a pas d'autre différence systématique entre le son féminin et le son masculin : la durée des
consonnes initiales importe très peu, et les consonnes initiales sont
toujours *considérées* comme muettes (v. § 275 et suiv.). Le rapport masculin-féminin du Nord est donc simple, tandis que le rapport clair-obscur du Midi est triple ; voilà pourquoi je dis qu'ils
sont partiellement différents.

235. — Le ï, d'après les courbes de XI-3, -8, -13, -18, -23, -28, est aussi un son montant. Si nous ne tenons pas compte des irrégularités initiales ou finales, nous pouvons le fixer comme suit :

MH
/
TB

236. — Tel est le cas pour les mots prononcés séparément. Pour ceux qui se prononcent dans quelques combinaisons, ce ton devient parfois un son uni, occupant une position très basse (voir plus loin : XII-8, -2ᵉ mot ; -12, -1ᵉʳ mot ; -14, -1ᵉʳ mot ; -15, -1ᵉʳ mot ; XIII-9, -1ᵉʳ mot ; -12, -1ᵉʳ mot ; XIV-10, -1ᵉʳ mot ; -11, -1ᵉʳ mot) :

MB —— MB,
ou bien   B —— B.

237. — Dans un cas ou dans l'autre, ce qui est certain c'est que, des quatre tons, celui-ci est le plus bas.

238. — Le 3̈ est un son descendant. Il occupe une position très haute, et en moyenne, on peut le fixer comme suit :

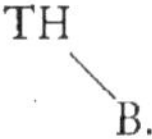

TH
\
B.

239. — On voit donc que le 2̈ du pékinois est très bas, tandis que les 2̈ du cantonais et du kiangyinois sont très hauts ; et que le 3̈ du pékinois est très haut, tandis que les 3̈ du cantonais et du kiangyinois se trouvent dans une position moyenne. Aussi des phonéticiens chinois ont-ils considéré que le 2̈ et le 3̈ ont été réciproquement échangés dans les dialectes du Nord et dans ceux du Sud.

---

240. — Les treize séries d'expériences suivantes ont pour objet d'étudier les tons pékinois en combinaisons simples.

De la première à la cinquième série, je suppose encore qu'il y a un 4̈, mais en indiquant entre parenthèses ce que ce ton est devenu, au dire de mon sujet, et en m'en rapportant au jugement de mon oreille.

241. — Première série :

ïf + ïf — *i-u* 咿嗚, mots mimiques, signifiant des sons peu
clairs, tels que les cris de petits enfants, etc., (XII-1),

ïf + ïm — *uén-uen* 溫文, (doux et gentil), (XII-2) ;

ïf + 2̈ — *uei-u* 威武, (vaillant et fort), (XII-3) ;

ïf + 3̈ — *u-xuei* 污穢, (malpropre, vil), (XII-4) ;

ïf + 4̈ (ïf 3̈) — *ieu-ḣai* 愛厄, (chagrin, tristesse), (XII-5).

242. — Deuxième série :

ïm + ïf — *u-i* 無衣, (sans habit), (XII-6) ;

ïm + ïm — *u-uei* 無爲, (inactif), (XII-7) ;

ïm + 2̈ — *u-uei* 無尾, (sans queue), (XII-8) ;

ïm + 3̈ — *u-üen* 無用, (inutile), (XII-9) ;

ïm + 4̈ (ïm + ïm) — *u-i* 無益, (cela ne présente pas d'inté-
rêt), (XII-10).

243. — Troisième série :

2̈ + ïf — *u-uei* 武威, (puissance glorieuse), (XII-11) ;

2̈ + ïm — *ieu-u* 有無, (oui ou non, avoir ou ne pas avoir),
(XII-12) ;

2̈ + 2̈ — *ieu-ü* 有雨, (il pleut), (XII-13) ;

2̈ + 3̈ — *ieu-u* 有霧, (il y a du brouillard), (XII-14) ;

2̈ + 4̈ (2̈ + ïf) — *ua-u* 瓦屋, (maison couverte de tuiles),
(XII-15).

244. — Quatrième série :

3̈ + ïf — *ü-i* 御衣, (vêtement impérial), (XII-16) ,

3̈ + ïm — *ü-ü* 遇余, (me rencontrer), (XII-17) ;

3̈ + 2̈ — *ie-ü* 夜雨, (il pleut la nuit), (XII-18) ;

3̈ + 3̈ — *i-u* 義務, (le devoir), (XII-19) ;

3̈ + 4̈ (3̈ + 3̈) — *ie-üe* 夜月, (la lune pendant la nuit), (XII-
20).

245. — Cinquième série :

4̈ + ïf (ïf + ïf) — *i-i* 一衣, (un vêtement), (XII-21) ;

4̈ + ïm (ïf + ïm) — *i-u* 一無, (aucun, rien), (XII-22) ;

ï4 + ï2 (ï3 + ï2) — *i-u* 一五, (les cinq), (XII-23) ;

ï4 + ï3 (ïm + ï3) — *i-ian* 一樣, (pareil), (XII-24);

ï4 + ï4 (ï3 + ïf) — *i-u* 一屋, (une maison, toute la maison), (XII-25).

246. — De la sixième à la treizième série, nous nous servons des exemples donnés par *M. Ţşau-üan-ren* (Y. R. Chao) 趙元任[1], l'un des phonéticiens célèbres de nos jours.

Au cas où l'avis de cet auteur et l'opinion de mon sujet ne coïncident pas, je note celui du dernier entre parenthèses.

247. — Sixième série :

ïf + ïf — *šien-tan* 仙丹, (la pilule immortelle), (XIII-1) ;

ïf + ïm — *šien-ren* 仙人, (l'immortel), (XIII-2) ;

ïf + ï2 — *šien-nü* 仙女, (fée), (XIII-3) ;

ïf + ï3 — *šien-i* 仙意, (idée féerique), (XIII-4).

248. — Septième série :

ïm + ïf — *ian-tsē* 洋車, (pousse-pousse), (XIII-5) ;

ïm + ïm — *ian-xan* 洋行, (établissements commerciaux européens), (XIII-6) ;

ïm + ï2 — *ian-xuo* 洋火, (allumette), (XIII-7);

ïm + ï3 — *ian-xuo* 洋貨, (marchandise européenne), (XIII-8).

249. — Huitième série :

ï2 + ïf — *xau-t'ien* 好天, (beau temps), (XIII-9),

ï2 + ïm — *xau-ren* 好人, (personne de bon caractère), (XIII-10) ;

ï2 + ï2 — *xau-cieu* 好酒, (bon vin), (XIII-11) ;

ï2 + ï3 — *xau-xua* 好話, (bonne parole), (XIII-12).

250. — Neuvième série :

ï3 + ïf — *üan-t'ien* 怨天, (se plaindre de Dieu), (XIII-13);

1. 國語月刊, 8.

3̈ + ïm — *üan-ren* 怨人, (se plaindre des autres), (XIII-14) ;
3̈ + 2̈ — *üan-uo* 怨我, (se plaindre de moi), (XIII-15) ;
3̈ + ïf — *üan-t'a* 怨他*, (se plaindre de lui), (XIII-16).

251. — Dixième série :

ïf + ïf — *Tṣaṅ-cia* 張家, (famille *Tṣaṅ*), (XIV-1) ;
ïf + ïm — *ia-t'eu* 丫頭, (suivante, soubrette), (XIV-2) ;
ïf + 2̈ (ïf + 3̈) — *süe-tš:* 靴子, (bottes), (XIV-3) ;
ïf + 3̈ — *tš:-tau* 知道, (savoir), (XIV-4).

252. — Onzième série :

ïm + ïf — *Uaṅ-cia* 王家, (famille *Uaṅ*), (XIV-5) ;
ïm + ïm (ïm + 3̈) — *man-t'eu* 饅頭, (pain cuit à la vapeur), XIV-6) ;
ïm + 2̈ (ïm + 3̈) — *šie-tš:* 鞋子, (souliers), (XIV-7) ;
ïm + 3̈ = *nan-tau* 難道, (est-ce donc. . . ?), (XIV-8).

253. — Douzième série :

2̈ + ïf — *Li-cia* 李家, (famille *Li*), (XIV-9) ;
2̈ + ïm (2̈ + 3̈), — *li-t'eu* 裡頭, (intérieur), (XIV-10) ;
2̈ + 2̈ (2̈ + 3̈) — *i-tš:* 椅子, (chaise), (XIV-11) ;
2̈ + 3̈ — *pi-tau* 比到, (en comparant avec. . .), (XIV-12).

254. — Treizième série :

3̈ + ïf — *Tṣau-cia* 趙家, (famille *Tṣau*), (XIV-13) ;
3̈ + ïm (3̈ + 3̈) — *uai-t'eu* 外頭, (extérieur), (XIV-14) ;

* Cet exemple m'avait extrêmement étonné, parce que, à cette place, d'après l'arrangement systématique de l'auteur, il faut mettre une combinaison 3̈ + 3̈. Mais, le mot *t'a* (lui), se prononce toujours au ïf, et il n'y a aucune possibilité pour que l'on puisse le prononcer au 3̈.

C'est seulement le 2 juillet 1924 que j'ai pu faire connaissance avec l'auteur, grâce à quoi, j'ai pu apprendre que le mot *t'a* en question est une erreur typographique : il faut lire *ti* 地, (terre), qui est au 3̈.

Comme il ne m'était pas possible de refaire mes expériences et en voyant qu'une telle erreur ne comporte pas de conséquences très graves pour l'ensemble de cette thèse, je laisse les choses telles quelles.

Fu Liu. — *Les tons du chinois.*   6

3̈ + 2̈ (3̈ + 3̈) — *ten-tš:* 橙子, (banc), (XIV-15) ;

3̈ + 3̈ — *uen-tau* 問道, (demander [au passé défini]; demander le chemin), (XIV-16).

255. — Les courbes ainsi obtenues ne nous apportent rien de nouveau sur les valeurs caractéristiques des tons. Abstraction faite d'irrégularités minimes, la partie principale de chaque courbe est tout à fait la même que celle des mots prononcés séparément.

256. — Cependant, notre travail ne peut se terminer ici : il nous reste au moins encore trois questions à étudier :

PREMIÈRE QUESTION : Le 4 n'existant plus dans ce dialecte, qu'est-il devenu ? — Peut-on découvrir ce qu'a été son évolution ?

257. — Il est impossible d'énoncer à ce sujet des règles absolues. Mais l'étude du vocabulaire de ce dialecte par la méthode de la statistique, va nous donner des indications approximatives.

Tout récemment, mon ami M. *Li-cien-ši* 黎錦熙, le *kuo-ü-iste*, a publié sur ce sujet un article très savant [1]. Il a étudié presque tous les vocabulaires du pékinois existants, modernes et anciens, écrits par les Chinois et par les étrangers ; ainsi que les prononciations des quatre Pékinois, des quatre côtés de la ville. Les résultats de cette recherche sont consignés dans un lexique nouveau qu'il appelle « le Lexique des Mots du Quatrième ton dans le dialecte de Pékin ».

258. — Dans ce lexique, les mots étudiés sont un peu trop nombreux : on trouve souvent des mots qui ne s'emploient presque jamais, ni dans la langue ordinaire, ni même dans la langue littéraire, et dont les prononciations sont toujours plus ou moins douteuses. Ce sont les dictionnaires qui donnent des indications à cet égard, et c'est d'après les dictionnaires qu'on peut les prononcer de l'une ou de l'autre manière. Aussi leur véritable prononciation est toujours difficile à déterminer.

259. — La Table VI est un résumé de mes recherches sur ce

---

1. 東方雜誌, XXI, 2.

TABLE VI

	ïf	ïm	2̈	3̈
i	5(4)	2(2)	3(2)	55(38)
pi	0	1(1)	1(1)	27(11)
p'i	3(3)	0	4(3)	9(2)
mi"	0	0	0	10(5)
ti	3(2)	16(10)	0	2(1)
t'i	3(3)	0	0	6(2)
ni	0	0	0	10(5)
li	0	0	0	90(74)
ci	13(11)	36(24)	4(4)	24(21)
c'i	9(5)	2(1)	1(1)	15(12)
śi	20(17)	13(12)	6(4)	26(21)
S	56(45)	40(50)	19(15)	214(132)

	ïf	ïm	2̈	3̈
u	3(3)	0	0	16(8)
pu	0	2(1)	2(2)	2(2)
p'u	4(2)	6(5)	1(0)	6(5)
mu	0	2(2)	0	11(9)
fu	0	22(18)	1(1)	26(17)
tu	1(1)	8(5)	1(1)	12(8)
t'u	3(1)	1(1)	0	5(3)
lu	0	0	0	26(15)
ku	0	1(1)	15(9)	6(3)
k'u	6(5)	1(0)	0	4(2)
xu	9(5)	3(2)	1(1)	5(3)
tšu	1(0)	9(9)	2(2)	8(6)
tsu	5(4)	1(1)	0	9(8)
su	1(1)	7(7)	3(2)	14(3)
ru	0	0	1(1)	9(6)
tšu	0	4(4)	0	7(4)
tsu	0	0	0	7(5)
su	0	1(1)	0	20(10)
S	33(22)	68(57)	27(19)	193(128)

	ïf	ïm	2̈	3̈
ü	0	0	0	41(25)
lü	0	0	0	4(4)
cü	1(1)	8(6)	0	9(8)
c'ü	7(6)	0	1(1)	0
śü	2(2)	1(1)	2(1)	12(10)
S	10(9)	9(7)	3(2)	66(47)

	ïf	ïm	2̈	3̈
pa	4(3)	4(4)	0	1(1)
fa	3(3)	7(6)	2(2)	5(4)
ta	6(5)	10(7)	0	1(1)
t'a	4(3)	0	2(2)	21(11)
na	0	0	0	7(4)
la	4(3)	4(1)	1(1)	8(4)
ca	3(2)	1(1)	1(1)	1(1)
tša	3(3)	13(5)	2(2)	2(2)
tsa	2(2)	5(2)	0	2(1)
sa	1(1)	0	0	10(3)
tša	5(3)	4(2)	0	1(1)
tsa	1(1)	0	0	0
sa	5(4)	1(1)	3(2)	2(1)
S	41(33)	49(29)	11(10)	61(36)

	ïf	ïm	2̈	3̈
ia	3(3)	1(1)	1(1)	2(1)
cia	10(5)	3(3)	2(2)	5(2)
c'ia	2(1)	0	0	4(1)
śia	1(1)	14(11)	0	9(9)
S	16(10)	18(15)	3(3)	20(13)

	ïf	ïm	2̈	3̈
üa	1(1)	0	0	1(1)
kua	4(4)	0	0	0
xua	0	5(4)	0	2(1)
tšua	1(1)	0	0	1(1)
tsua	1(0)	0	0	0
sua	2(1)	0	0	0
S	9(7)	5(4)	0	4(3)

TABLE VI (suite)

	1f	1m	2	3
ë	1(0)	3(1)	1(1)	23(13)
të	1(1)	3(2)	0	2(2)
t'ë	0	0	0	6(4)
në	0	0	1(·)	2(2)
lë	1(1)	1(1)	0	17(15)
kë	9(7)	17(13)	3(3)	9(5)
k'ë	7(6)	7(3)	2(1)	7(5)
xë	4(2)	12(7)	0	15(12)
tšë	1(1)	5(5)	1(1)	15(9)
tš'ë	0	0	0	5(4)
šë	0	0	0	8(7)
žë	0	0	0	2(2)
tsë	0	5(5)	0	17(14)
ts'ë	0	0	0	10(7)
së	0	0	0	9(9)
S	24(18)	53(37)	8(7)	147(110)

	1f	1m	2	3
po	7(6)	17(13)	0	34(24)
p'o	0	0	0	8(7)
mo	1(1)	0	1(1)	34(23)
fo	0	1(1)	0	1(1)
S	8(7)	16(16)	1(1)	77(55)

	1f	1m	2	3
uo	0	0	0	7(5)
tuo	0	2(2)	0	7(6)
t'uo	9(4)	3(2)	2(2)	4(3)
kuo	5(5)	2(2)	2(2)	3(3)
k'uo	0	0	0	8(6)
xuo	3(1)	1(1)	3(2)	17(7)
tšuo	11(7)	16(11)	0	21(16)
tš'uo	4(4)	0	0	16(5)
šuo	1(1)	4(4)	0	17(13)
žuo	0	0	0	8(3)
tsuo	3(3)	3(3)	1(1)	8(3)
ts'uo	0	0	0	4(3)
suo	2(1)	0	6(1)	1(1)
S	38(34)	31(28)	14(8)	121(89)

	1f	1m	2	3
ie	2(2)	0	0	21(14)
pie	6(2)	2(2)	4(2)	3(2)
p'ie	4(3)	0	1(1)	4(2)
mie	0	0	0	6(5)
tie	1(1)	16(14)	1(1)	15(11)
t'ie	3(2)	0	4(3)	1(1)
nie	3(3)	0	0	15(7)
lie	1(1)	1(1)	1(1)	29(16)
cie	10(7)	28(25)	2(2)	12(12)
c'ie	2(2)	0	0	10(9)
śie	6(5)	5(5)	1(1)	18(12)
S	34(28)	52(47)	14(13)	134(91)

	1f	1m	2	3
üe	4(4)	0	0	28(25)
nüe	0	0	0	3(3)
lüe	0	0	1(1)	1(1)
cüe	3(2)	28(17)	2(2)	10(5)
c'üe	2(2)	0	0	19(14)
süe	2(2)	3(2)	1(1)	11(4)
S	11(10)	31(19)	4(4)	52(42)

	1f	1m	2	3
tš:	8(8)	10(10)	0	29(16)
tṣ:	2(2)	1(1)	1(1)	6(6)
ṣ:	3(3)	9(8)	0	14(13)
r:	0	0	0	1(1)
S	19(13)	20(19)	1(1)	50(35)

lexique par la méthode statistique. Pour la comprendre, il suffit de prendre un exemple :

	ïf	ïm	$\ddot{2}$	$\ddot{3}$
i	5 (4)	2 (2)	3 (2)	55 (38)

Ceci veut dire que, d'après l'auteur, parmi les mots qui se prononcent comme i et se sont prononcés autrefois au $\ddot{4}$, il y en a 5 qui sont actuellement prononcés au ïf; 2, au ïm; 3, au $\ddot{2}$; 55, au 3.

Mais, si l'on ne prend que des mots de la langue ordinaire et dont les prononciations soient bien déterminées, il vaut mieux compter les chiffres entre parenthèses : 4, au lieu de 5 ; 2, intouché ; 2, au lieu de 3 ; 38, au lieu de 55.

260. — Dans un cas comme dans l'autre, les résultats sont à peu près les mêmes.

Prenons les sommes (les chiffres de la ligne S de la Table) et cherchons la somme des sommes, nous avons :

ïf	ïm	$\ddot{2}$	$\ddot{3}$	Somme totale
297 (228)	422 (325)	105 (81)	1159 (777)	1983 (1411)

Supposons : 1,983 = 100 °/₀,
       (1,411 = 100 °/₀),

on a :

ïf	ïm	$\ddot{2}$	$\ddot{3}$
15,0 °/₀ (16,2 °/₀)	21,3 °/₀ (23,0 °/₀)	5,3 °/₀ (5,7 °/₀)	58,4 °/₀ (55,1 °/₀)

Le ton qui présente la plus grande probabilité, est donc le 3̈ ; celui qui présente la plus petite, est le 2̈.

261. — La raison en est très simple :

Rappelons-nous que, dans les dialectes du Midi, le 4̈ est un son bref, descendant, et occupant une position très haute (v. § 179). Si nous prononçons ce ton de façon que la brièveté disparaisse, mais que les autres valeurs caractéristiques soient conservées, nous aurons un ton se rapprochant beaucoup du 4̈ pékinois. D'où la prédominance de ce dernier dans les calculs des probabilités.

262. — Par contre, le 2̈ pékinois est un son très bas. En le comparant au 4̈ du Midi, on se rend compte qu'il est très difficile que l'un puisse devenir l'autre. Ici se trouve donc la moindre probabilité.

263. — Deuxième question : Dans les locutions *i-i* 一衣 (un vêtement), *i-u* 一無 (aucun, rien), les deux *i* sont au ïf ; mais en *i-u* 一五 (les cinq) et en *i-u* 一屋 (une maison), ils sont au 3̈ ; et en *i-ian̄* 一樣 (pareil), au ïm (§ 245).

Et de même :

Dans les locutions *šüe- tš:* 靴子 (bottes) (§ 251), *man-t'eu* 饅頭 (pain cuit à la vapeur), *šie-tš:* 鞋子 (souliers) (§ 252), *li-t'eu,* (裡頭, (intérieur), *i-tš:* 椅子, (chaise) (§ 253), *uai-t'eu* 外頭 (extérieur), *len-tš:* 櫈子, (banc) (§ 254), mon sujet a considéré que tous les deuxièmes mots sont au 3̈ ; mais M. *Tšau-üan-ren,* auteur de ces exemples, les a traités comme au 2̈, ïm, 2̈, ïm, 2̈, ïm, 2̈, respectivement.

Comment expliquer ces divergences ?

264. — A cette question, il est impossible de trouver une réponse parfaitement sûre. Tout ce qu'on peut affirmer c'est qu'en pékinois, le système des tons est moins stable que dans les dialectes du Midi et de l'Extrême-Sud ; et que, j'ose le dire, il faudrait compter un ton naturel en dehors des quatre tons normaux.

265. — Voici comment :

Dans les dialectes du Midi et de l'Extrême-Sud, les tons des mots sont toujours bien déterminés, c'est-à-dire que le mot kiangyinois *tin* 釘 (clou), par exemple, ne peut être prononcé qu'au ïc. Si on le donne dans un autre ton, il sera difficile de le comprendre.

266. — Au cours du discours, les sons des mots sont naturellement plus ou moins modifiés. Mais, quelles que soient les modifications qu'ils subissent, les valeurs caractéristiques demeurent ; tout au moins, ces modifications sont encore peu sensibles à l'oreille, de sorte que l'on peut savoir quels étaient leurs tons propres.

267. — Généralement, il n'y a qu'un ton pour un mot. Au cas où il y en aurait deux, c'est qu'alors le mot doit avoir deux significations, chacune d'elle caractérisée par un ton. Si par exemple on prononce le mot *tiñ* au 3c, ce sera un verbe : « clouer », et non plus le substantif : « clou ». Il s'agira de deux mots différents, quoique représentés par le même caractère chinois.

268. — Tel n'est pas le cas en pékinois. On y trouve souvent des mots dont les tons sont visiblement changés, suivant la place qu'ils occupent dans une locution, ou pour des raisons indéterminées.

Le lexique de M. *Li-cien-śi*, offre de nombreux exemples de ce genre :

Exemple I. — le mot *i* 一 (un) se présente :

au ïf, — quand il est prononcé séparément ou bien à la fin d'une phrase ;

au ïm, — quand il se place avant un mot du 3.

au 3, — quand il se place avant un mot du ïf, ou du ïm, ou du 2.

(Ces indications néanmoins ne concordent pas parfaitement avec l'opinion de mon sujet.)

Exemple II. — le mot *fa* 法, (méthode, moyen, loi, etc.) se présente :

au ïf, — dans la locution *mu-fa-r* 沒 法 兒 (pas de moyen) [1] ;

au ïm, — dans la locution *fa-tš* 法 子 (moyen, méthode) ;

au 2, — dans les locutions *faŋ-fa* 方 法 (méthode), *u-fa* 無 法, (pas moyen, la impossible) ;

au 3, — dans les locutions *fa-şuo* 法 術, (méthode), *ș:-fa-pu* 司 法 部, (ministère de la justice).

---

1. Cette locution n'est guère pékinoise ; on dit plutôt : *mei-fa-tš* 沒 有 法 子.

Exemple III. — le mot *pa* 八, (huit) se présente :
au ïm, — quand il se place avant un mot du 3 ;
au ïf
au 3 } (l'auteur n'a pas donné d'indications spéciales).

Exemple IV. — le mot *tie* 蝶, (papillon) se présente :
au ïm, — dans la locution *xu-tie* 蝴蝶, (papillon) ;
au 2, — dans la locution *xu-tie-t* 蝴蝶兒, (papillon) ;
au 3, — (pas d'indications spéciales).

269. — Comme ce phénomène est très particulier et tout à fait irrégulier, il vaut mieux en faire l'objet d'une recherche séparée, et je m'excuse ici de ne pas avoir pu me prononcer définitivement à ce sujet.

Cependant, qu'on me permette encore une petite observation : en pékinois, il faut compter un ton naturel à côté des quatre tons normaux.

270. — Ce ton naturel est généralement considéré comme le 3. En effet, la différence avec ce ton est très peu sensible. A l'oreille, si on l'écoute avec soin, on perçoit que le ton naturel est considérablement moins fort qu'un 3 normal ; et en l'étudiant aux tracés, il est également certain que les courbes du ton naturel sont plus ou moins courtes, ou bien la position d'ensemble de la courbe est plus ou moins basse, mais la forme en est toujours à peu près la même.

271. — Dans ce cas, si on ne s'occupe que de phonétique pure, on peut, pour la commodité, les traiter tous deux comme un seul ton. Mais, pour en étudier la fonction phonétique dans la langue, il vaut mieux les séparer.

272. — Comme la voyelle naturelle se trouve régulièrement aux syllabes les moins importantes du mot, ce ton naturel appartient toujours aux mots de moindre importance, dans une locution ou bien dans une phrase, c'est-à-dire que, quand un mot *t* 兒, (fils), par exemple, est employé dans son sens propre, il se prononce au ton normal : ïm ; mais, lorsqu'il est employé simplement comme particule, dans des locutions telles que *fa-t* 法兒, (moyen, méthode),

Fig. XI.

1. *p'i-ru tʃŕ(n)-mŋ suo* (disons… par exemple). — 2. *xa-xa xen xau* (ha ha, très bien). — 3. *k'an sɿ pan sɿ pa* (on verra ; cela dépend). 4. *uo piau-li ɿ Suň-ciaň* (ce que je vais raconter c'est l'histoire de *Suň-ciaň*). — 5. *xau ren* (un homme de bon caractère).

man-man-ï 慢 慢 兒, (lentement), etc., il doit se prononcer au ton naturel.

273. — Cette simple observation s'applique à presque tous les mots qui peuvent s'employer tantôt dans leur sens propre, tantôt comme de simples particules, et les mots *t'eu* 頭 et *ts:* 子 en sont justement deux exemples frappants. Quand ils s'emploient avec le sens de « tête » et de « fils », ils se prononcent au *ïm* et au *ẑ* respectivement, mais quand ils s'emploient simplement comme particules et que leurs sens originaux ont disparu (*süe-tš: = süe; i-tš: = i; li-t'eu = li* ; etc.) ils se prononcent au ton naturel, ou bieu au 3, si on ne veut pas se servir de ce terme nouveau.

274. — Ainsi s'expliquent les divergences d'opinion entre M. *Ţšau-üan-ren* et mon sujet : le premier a considéré les mots en question au point de vue de leurs tons normaux, le dernier au point de vue de leurs tons naturels.

275. — TROISIÈME QUESTION : En pékinois, on considère généralement qu'il n'y a pas de consonnes sonores comme v, z, b, etc. Mais, en étudiant les tracés des consonnes dites muettes : f, s, p, t, etc., on trouve *souvent* des vibrations qui sont très claires et par conséquent renversent les observations déjà établies. (Voir XIII-1, *t;* -6, -7, -8, *x* ; -9, *t* ; -10, -11, -12, *x* ; -13, 16, -*th* ; XIV-1, -5, -9, -13, *c* ; 2, -6, -10, -14, *th* ; -3, -7, -11, -15, *tš* ; -4, -8, -12, -16, *t* ; la Figure XI contient quelques tracés originaux).

276. — Naturellement, de tels documents sur les tracés ne sauraient être négligés. Mais à l'oreille on n'entend point de sonorité (sauf dans le cas du mot *të* 的, (de), dont le *t* est sensiblement sonore); et en imitant quelques sons très simples comme *sa, ta, fu,* etc., avec un Pékinois, on constate que, remplacés par *za, da, va,* etc., les résultats ne sont pas satisfaisants ; mais que, si on prononce *sa, ta, fa ordinaires*, le résultat devient meilleur, tout en restant encore imparfait. Il semble qu'il y a toujours une petite différence entre les sons et ceux que l'on veut imiter, et il est bien difficile de dire en quoi consiste cette différence.

277. — En étudiant ce problème avec mon sujet et en écoutant très soigneusement les parlers des autres Pékinois et de ceux dont les dialectes sont proches du pékinois, je me suis aperçu que, dans ces dialectes, les consonnes dites muettes sont parfois devenues des « consonnes sonores étouffées », c'est-à-dire que, en réalité, elles sont sonores, mais que la sonorité en est considérablement diminuée à cause de la tension de certains muscles des organes de la parole.

278. — Ce phénomène peut être rattaché à celui du son en « sourdine » du violon, ou bien à la voyelle que M. Lioret désigne sous le nom de « fausset » [1]. Avec des instruments très

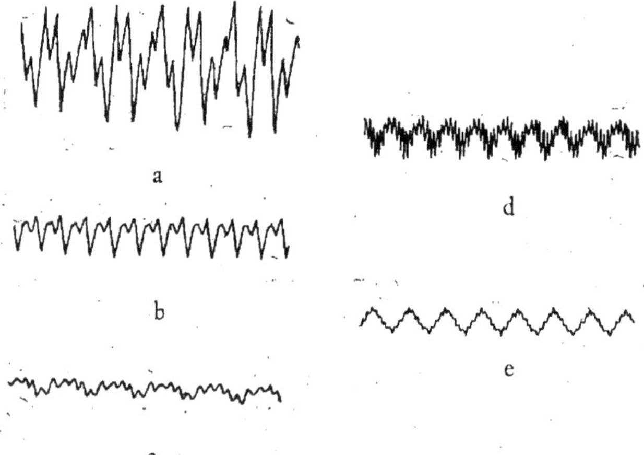

Fig. XII.

a, b, c, tracés obtenus sur l'appareil Low (clichés d'Adam Hilger, Ltd., Londres); d, e, sur l'appareil Struycken (clichés de M. Lioret).

a, violon G, 205 V. D. par sec.,

b, le même, « harmonique d'octave »,

c, le même, assourdi,

d, voyelle *é* française,

e, la même, « fausset ».

1. Je ne sais si le mot « fausset » est employé comme il convient; mais d'après le son que M. Lioret a bien voulu prononcer devant moi, il est sûr que ladite voyelle est articulée de telle manière que les muscles sont considérablement tendus et que le son se trouve assourdi.

sensibles, tels que ceux de M. Struycken ou de M. Low, on peut obtenir des tracés très intéressants pour la comparaison entre les timbres des sons de cette catégorie et ceux des sons ordinaires (Voir la Figure XII).

279. — N'ayant pas ces instruments à ma disposition, je suis obligé de m'arrêter ici, et, pour le moment, je présente cette observation simplement comme une hypothèse, non comme une conclusion définitive.

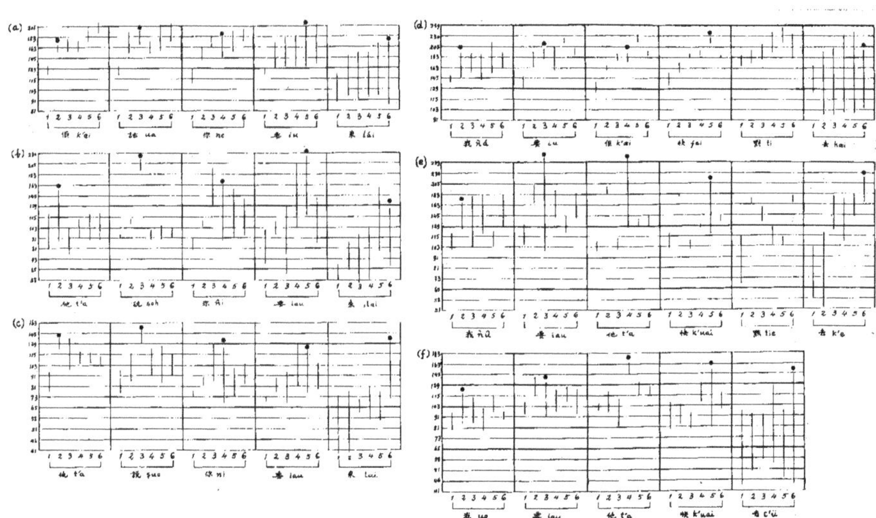

Fig. XIII.

DEUXIÈME PARTIE

LES TONS LIBRES

280. — Dans cette deuxième partie, j'étudie *quelques exemples* des 'tons libres, qui, comme je l'ai dit, sont les tons du langage courant.

Nous avons déjà expérimenté des tons en combinaisons simples. Mais, en principe, on ne peut considérer ceux-ci que comme des tons demi-libres, parce que, même dans ce cas, bien qu'on prononce plusieurs mots ensemble, les articulations de chacun des mots sont encore émises avec trop de soin, c'est-à-dire d'une façon qui n'est pas assez naturelle ni spontanée, comme par exemple, dans la phrase « Lili lit », prononcée par un enfant français qui s'exercerait à la lecture.

281. — Ce que nous voulons étudier ici ce sont des tons tout à fait libres, c'est-à-dire ceux que l'on trouve dans les phrases courantes prononcées négligemment ou bien dans les textes qui comprennent plusieurs phrases.

En pareil cas, il est presque impossible d'aboutir à des conclusions définitives, parce que, d'abord, toutes les phrases présentent des particularités difficilement comparables les unes aux autres. Telles sont, par exemple, les deux phrases kiangyinoises : *ńú iù* 我有 (j'ai) et *ńi iù* 你有 (tu as), dont les structures grammaticales (sujet $+$ verbe) et les tons (2c $+$ 2c) sont pareilles, tandis que les articulations des deux premiers mots (*ńú* et *ńi*) sont différentes ; il se peut que non seulement les tons libres de *ńú* et de *ńi* diffèrent, mais encore que les deux *iù* soient considérablement modifiés par *ńú* et par *ńi*. Et d'autre part, l'émotion humaine entraîne toujours une extrême mobilité et diversité dans le langage : si une même phrase est prononcée dix fois successivement par un même sujet, les résultats ne seront jamais les mêmes, parce que l'émotion du sujet change d'objet et d'expression à tous moments, et que tous ces changements produisent des résultats variables.

Étant donné ces conditions, il est plus sage de ne pas chercher à émettre des conclusions définitives, des règles absolues. Nous nous contenterons d'examiner quelques cas particuliers et de voir s'ils nous fournissent des indications *très* approximatives.

---

282. — Pour les tons libres, j'ai fait deux séries d'expérimentations :

La première série est consacrée à la question de l'ACCENTUATION, et les phrases employées sont :

I.
他 說 你 要 來
t'a ṣuo ni iau lai (prononciation nationale)
ïf 4̈ 2̇ 3̈ ïm

II.
我 要 他 快 去
ṅo iau t'a k'uai c'ü (pron. nat.)
2̇ 3̈ ïf 3̈ 3̈

283. En les prononçant et en les accentuant de diverses façons, on obtient les divers sens suivants :

Pour la phrase I :

1) *sans accent, simplement pour montrer la structure grammaticale :*
Il a dit que vous viendriez.

2) *accent sur le premier mot : t'a (lui) :*
C'est *lui* qui a dit que vous viendriez.

3) *accent sur le deuxième mot : ṣuo (dire):*
Il *a dit* que vous viendriez.

4) *accent sur le troisième mot : ni (vous) :*
Il a dit que *c'est vous* qui viendriez.

5) *accent sur le quatrième mot : iau (vouloir) :*
Il a dit que vous *voudriez* venir.

6) *accent sur le cinquième mot : lai (venir) :*
        Il a dit que vous voudriez *venir.*

284. — Et pour la phrase II :

1) *sans accent, simplement pour montrer la structure grammaticale :*
        Je veux qu'il s'en aille vite.
2) *accent sur le premier mot : ho (moi) :*
        C'est moi qui veux qu'il s'en aille vite.
3) *accent sur le deuxième mot : iau (vouloir) :*
        Je *veux* qu'il s'en aille vite.
4) *accent sur le troisième mot : t'a (lui) :*
        C'est lui que je veux qui s'en aille vite.
5) *accent sur le quatrième mot : k'uai (vite) :*
        Je veux qu'il s'en aille *vite.*
6) *accent sur le cinquième mot : c'ü (aller) :*
        Je veux qu'il *s'en aille* vite.

285. — Ces deux phrases ont été examinées successivement dans les trois dialectes : cantonais, kiangyinois, pékinois.

Phrase I.
Prononciation cantonaise :

佢	話	你	要	來
k'œi	*ua*	*ne*	*iu*	*lái*
̈2o	̈3o	̈2o	̈3c	̈1o

Prononciation kiangyinoise :

他	說	你	要	來
t'a	*soh*	*n̂i*	*iau*	*,lai*
̈1c	̈4c	̈2c	̈3c	̈1o

Prononciation pékinoise :

他	說	你	要 、	來
t'a	*ṣuo*	*ni*	*iau*	*lai*
̈1f	̈1f	̈2	̈3	̄1m

286. — Phrase II :

Prononciation cantonaise : .

> 我　要　佢　快　點　去
> *ńá   iu   k'œi   fai-ti   bœi*
> ²o   ²c   ³o   ³c ¹c   ³c

Prononciation kiangyinoise :

> 我　要　他　快　點　去
> *ńú   iau   t'a   k'uai-tie   k'e*
> ²c   ³c   ¹c   ³c   ²c   ³c

Prononciation pékinoise :

> 我　要　他　快　去
> *uo   iau   t'a   k'uai   c'ü*
> ²   ³   ¹f   ³   ³

Dans cette phrase, le *ti* cantonais et le *tie* kiangyinois ne sont
que des particules supplémentaires pour les mots *fai* et *k'uai*. Ils
n'ont aucune signification spéciale : *fai-ti* est simplement un équi-
valent de *fai*; et *k'uai-tie*, de *k'uai*. Aussi, ne peuvent-ils être
accentués.

287. — Par suite, j'ai obtenu 36 courbes, relevées en six
planches :

> Phrase I,   en cantonais, pl. XV.
> »   en kiangyinois, pl. XVI.
> »   en pékinois, pl. XVII.
>
> Phrase II, en cantonais, pl. XVIII.
> »   en kiangyinois, pl. XIX.
> »   en pékinois, pl. XX.

288. — Pour une comparaison facile entre les diverses durées
des mots, on peut consulter la Table VII, dans laquelle les durées
réelles sont données en fraction de seconde (colonne d), et les
durées relatives, calculées en prenant comme 100 % tous les
mots les plus longs d'une phrase (colonne %); les chiffres mis

TABLE VII

PHRASE I, en cantonais.

	(1)		(2)		(3)		(4)		(5)		(6)	
	d	%	d	%	d	%	d	%	d	%	d	%
k'œi	.24	62	.41	100	.23	82	.26	70	.22	56	.21	64
ua	.19	49	.21	51	.25	89	.30	81	.14	39	.11	33
ne	.39	100	.24	59	.18	64	.22	60	.20	51	.12	36
iu	.28	72	.20	49	.22	79	.22	60	.39	100	.21	64
lãi	.38	98	.34	83	.28	100	.37	100	.33	85	.33	100

PHRASE I, en kiangyinois.

	(1)		(2)		(3)		(4)		(5)		(6)	
	d	%	d	%	d	%	d	%	d	%	d	%
t'a	.52	100	.54	100	.44	100	.33	97	.36	100	.33	81
soh	.16	31	.12	22	.25	57	.21	62	.18	50	.13	32
ñi	.21	40	.11	20	.18	41	.34	100	.33	92	.18	44
iau	.19	37	.22	41	.20	46	.34	100	.28	78	.26	63
,lai	.43	83	.30	56	.29	66	.27	79	.22	61	.41	100

PHRASE I, en pékinois.

	(1)		(2)		(3)		(4)		(5)		(6)	
	d	%	d	%	d	%	d	%	d	%	d	%
t'ä	.33	100	.56	100	.43	100	.35	97	.38	100	.35	64
suo	.27	82	.32	57	.35	81	.36	100	.38	100	.33	60
ni	.18	55	.14	25	.21	49	.32	89	.21	55	.26	47
iau	.14	42	.18	32	.17	40	.15	42	.31	82	.12	22
lai	.20	61	.22	39	.23	54	.25	69	.25	66	.55	100

TABLE VII (suite).

PHRASE II, en cantonais.

	(1)		(2)		(3)		(4)		(5)		(6)	
	d	°/o	d	°/o	d	°/o	d	°/o	d	°/o	d	°/o
ñá	.16	53	.31	91	.20	74	.14	39	.15	39	.16	42
iu	.24	80	.18	53	.20	74	.19	53	.13	34	.12	32
k'œi	.16	53	.19	56	.14	52	.23	64	.16	42	.13	34
fai	.17	57	.14	41	.13	48	.18	50	.36	95	.16	42
ti	.16	53	.16	57	.15	56	.11	31	.13	34	.18	47
bœi	.30	100	.34	100	.27	100	.36	100	.38	100	.38	100

PHRASE II, en kiangyinois.

	(1)		(2)		(3)		(4)		(5)		(6)	
	d	°/o	d	°/o	d	°/o	d	°/o	d	°/o	d	°/o
ñú	.14	39	.33	100	.27	87	.17	39	.10	19	.11	20
iau	.21	58	.18	55	.31	100	.14	33	.15	28	.15	27
t'a	.16	44	.12	36	.26	84	.43	100	.19	36	.12	22
k'uai	.15	42	.17	52	.17	55	.14	33	.53	100	.14	26
tie	.17	47	.16	49	.18	58	.20	47	.25	47	.16	29
k'c	.36	100	.28	85	.21	68	.27	63	.23	43	.55	100

PHRASE II, en pékinois.

	(1)		(2)		(3)		(4)		(5)		(6)	
	d	°/o	d	°/o	d	°/o	d	°/o	d	°/o	d	°/o
uo	.29	85	.38	100	.36	100	.28	72	.25	54	.22	45
iau	.19	56	.18	42	.30	83	.28	72	.20	43	.24	49
t'a	.18	53	.24	63	.25	69	.39	100	.30	65	.25	51
k'uai	.28	82	.25	66	.20	56	.28	72	.46	100	.32	65
c'ü	.34	100	.28	74	.22	61	.29	74	.35	76	.49	100

en *italique* voulant dire que les mots correspondants sont accentués.

289. — Si l'on veut comparer les intervalles de hauteur musicale des mots, on utilise la Figure XIII, dont voici le principe : pour chaque mot, quelle que soit la forme de sa courbe musicale, on en prend le point le plus haut comme extrémité supérieure, et le point le plus bas comme extrémité inférieure, puis on trace entre eux une ligne droite ; les mots accentués sont marqués par un ●.

290. — Quelques observations approximatives :

1) Quand une phrase ne comprend pas de mot accentué, l'intervalle de hauteur musicale de *cette phrase* est toujours plus petit que celui de la même phrase prononcée avec un mot quelconque accentué.

291. — 2) La durée n'a pas de signification spéciale ; il n'est pas nécessaire qu'une phrase comprenant un mot accentué soit plus longue que la même phrase prononcée ordinairement.

292. — 3) Comme nous l'avons vu, quand un mot est prononcé séparément ou bien en combinaison simple, sa durée varie généralement de 0,3 à 0,5 de seconde ; moyenne : 0,4. Mais dans les expériences présentes, il n'en est plus ainsi. Les mots sont beaucoup plus brefs, sauf s'ils sont accentués, ou bien s'ils se trouvent au commencement ou à la fin d'une phrase.

293. — 4) Quand un mot quelconque est accentué, il devrait être plus long que lorsqu'il se prononce d'une manière courante. Mais en le comparant aux autres mots de la phrase, on constate qu'il n'est pas toujours le plus long, c'est-à-dire que sa durée relative n'est pas nécessairement de 100 %.

294. — 5) Si ce mot accentué est prononcé au ä du Midi ou de l'Extrême-Sud (c'est-à-dire au ton dont le brièveté est caractéristique), sa durée est encore très courte, bien qu'il soit accentué.

295. — 6) Si un mot se trouve au commencement ou à la fin d'une phrase, et qu'en même temps il soit accentué, il y a une double probabilité pour que sa quantité soit augmentée. Par conséquent, sa durée relative est presque sûrement de 100 %.

296. — 7) Quand un mot est accentué, il est toujours d'un son plus aigu que lorsqu'il est prononcé d'une façon courante. Mais lorsqu'on le compare aux autres mots de la phrase, ce n'est pas une règle absolue.

297. — 8) Ce qui est hors de doute, c'est que, lorsqu'un mot comprend une nasale quelconque comme son initial, la possibilité d'en augmenter la hauteur est toujours considérablement diminuée. C'est pourquoi, bien que ce mot soit accentué, il est presque sûr que ce n'est pas lui, mais le mot qui le suit, qui a le son le plus aigu de la phrase.

298. — 9) Pour expliquer ce fait, il suffit de faire remarquer que, lorsque nous accentuons un mot quelconque, nous déployons volontairement pour ce mot une certaine quantité de force, afin qu'il ait plus de sonorité, ce qui n'est autre chose qu'une combinaison de la durée et de la hauteur musicale. Mais, comme il est difficile d'augmenter la hauteur sur le son nasal lui-même et sur celui qui le suit immédiatement (c'est-à-dire la voyelle), il reste un supplément de force disponible que l'on reporte involontairement plus loin, d'où le résultat obtenu.

299. — 10) Un autre phénomène assez significatif est que, lorsque dans une phrase, un mot A est très aigu, et un autre mot B très bas, le ou les mots qui se trouvent entre ces deux, à la condition de n'être pas accentués, sont toujours sur une courbe descendante, c'est-à-dire que leurs tons caractéristiques sont perdus ou presque perdus, et que ces mots eux-mêmes ne sont donc que des intermédiaires dépendant des mots A et B. (Voir XVI-2, — mots 2, 3, 4, 5, 6 ; -3, — mots 2, 3, 4 ; XVII-2 ; XIX-2, — mots 2, 3, 4, 5, 6 ; 4,   mots 3, 4, 5 ; XX-2, — mots 2, 3, 4, 5 ; -4, — mots 3, 4, 5).

300. — 11) En étudiant la Figure XIII, on s'aperçoit qu'il y a des mots dont les intervalles de hauteur sont plus grands que ceux des autres. Généralement, un mot accentué présente un intervalle plus grand que lorsqu'il est prononcé d'une façon courante. Pourtant, si on le compare aux autres mots de la phrase, ce n'est pas lui, mais plutôt le dernier mot de la phrase qui, selon toute probabilité, aura le plus grand intervalle.

301. — 12) Bien que le dernier mot d'une phrase puisse être

très long et que son intervalle puisse être notablement augmenté,
il ne s'ensuit pas qu'il soit le plus sonore, mais au contraire, il
l'est plutôt moins ; car quelque grand que soit son intervalle, c'est
toujours la partie inférieure, non la partie supérieure, qui aug-
mente, et, par conséquent, le son du mot est comparativement plus
grave que celui des autres.

302. — 13) Ceci posé, on peut dire que la sonorité d'un mot
quelconque est déterminée par trois éléments : la hauteur, la durée,
l'intervalle. Si ces trois éléments ont une importance considérable,
c'est à coup sûr parce que le son qu'ils représentent est très sonore.
Quand on ne les trouve pas réunis, la hauteur est l'élément principal de la sonorité. Ce fait peut être fort bien illustré par le mot *soh*
説 (dire) du kiangyinois. Comme il est prononcé au 4c, il est
naturellement impossible d'en augmenter la durée ; et, comme les
diagrammes (Figure XIII) le montrent, accentué ou non, son
intervalle est toujours très petit. Mais à l'oreille, il est très faible,
lorsqu'il est prononcé d'une façon courante, et très fort lorsqu'il est
accentué. La cause de cette différence de sonorité est facile à découvrir : quand il est accentué, il s'élève presque d'un octave.

303. — 14) Ce qui précède montre aussi que, lorsqu'un mot
d'un ton quelconque se trouve dans une phrase, il est très difficile
de lui maintenir son ton caractéristique d'une façon parfaite, — il
y a de très nombreuses chances pour qu'il soit modifié partiellement
ou même entièrement. C'est pourquoi, nous ne pouvons plus
employer ici les deux moyens dont nous nous sommes servi pour
déterminer le ton cardinal : la forme d'une courbe (unie, montante,
descendante, etc.), et la position d'ensemble de la courbe (haute,
moyenne, basse).

304. — Prenons quelques exemples :

1) Le mot *soh* 説 (dire) du kiangyinois est au 4c. D'après son
ton cardinal, ce doit être un son bref, descendant, et très haut.
Mais dans nos expériences (XVI-1...6), il ne conserve que les deux
premiers de ces éléments ; le troisième est considérablement modifié. Sauf le cas où ce mot est accentué, il est beaucoup plus bas
que le mot précédent : *t'a* 他 (lui), qui, d'après les tons cardinaux, devrait être plus bas.

Ce fait peut s'expliquer phonétiquement ou grammaticalement.

Phonétiquement, le mot *t'a* est le premier de la phrase, et le mot *soh* le deuxième. Le premier mot d'une phrase est toujours plus ou moins fort, et le deuxième, plus ou moins faible.

Grammaticalement, le mot *t'a* est un pronom personnel, et *soh*, un verbe. Comme un pronom personnel est plus concret qu'un verbe, l'un est plus fort et l'autre plus faible.

Mais il est difficile de dire laquelle de ces deux explications est la plus juste. Des recherches nouvelles sont ici nécessaires.

305. — II) Comparons les six *t'a* 他 (lui) et les six *suo* 說 (dire) du pékinois (XVII-1 ... 6) :

Ces deux mots sont tous deux au if, et leur ton cardinal a été indiqué comme H — H. Mais, les diagrammes le montrent, seuls les *t'a* (1), (2), (4), (5), (6) se trouvent approximativement dans ce cas ; le *t'a* (3) étant un son montant, et tous les *suo* étant descendants.

Explications :

Les *suo* sont modifiés à la fois par l'*n* (du mot *ni*), qui abaisse très souvent le ton du mot suivant ou précédent, et par la consonne initiale, *s*, qui, comme l'*s*, élève très souvent le ton de la voyelle.

Le *s* peut aussi élever le ton du mot qui le précède, surtout lorsqu'il se trouve dans un mot accentué, et c'est pourquoi le *t'a* (3) est devenu un son montant.

306. — III) Examinons les six *c'ü* 去 (aller), du 3 du pékinois et dont le ton cardinal a été déterminé comme suit :

$$\overset{\text{TH}}{\underset{\text{B.}}{\diagdown}}$$

Les diagrammes (XX-1... 6) indiquent qu'en effet le mot est dans une direction descendante, mais que, sauf le sixième cas (dans lequel il est accentué), il n'occupe qu'une position très basse.

Explications :

Étant le dernier de la phrase, il est naturellement plus ou moins grave ; et de plus, il y a dans le mot une aspiration, qui, en général, abaisse jusqu'à un certain point le ton du mot.

307. — Ces exemples sont suffisants pour montrer que, dans le langage courant, les tons peuvent être considérablement modifiés et que, cependant, il y a toujours des chances pour que nous en découvrions la raison. Les résultats inexplicables ne le sont que momentanément. Une science expérimentale ne saurait, en effet, aboutir à l'absurde.

308. — Ma deuxième série d'expérimentations a porté sur les textes suivants :

Texte I : « Monsieur le Stupide », fable connue, de style classique.

Pour les caractères chinois, la transcription phonétique de la prononciation pékinoise, et les indications des tons, voir la Table VIII ; pour les courbes, voir les planches XXI, XXII.

TABLE VIII

1 北 pe	2 山 san	3 愚 ü	4 公 kun	5 年 nian	6 九 cieu	7 十 si	8 以 i	9 太 t'ai	10 行 zan
11 王 uan	12 屋 u	13 二 i	14 山 san	15 方 fan	16 七 c'i	17 百 pai	18 里 li	19 出 tsu	20 入 zu
21 迂 ü	22 曲 t'ü	23 欲 ü	24 平 p'in	25 之 ts	26 裁 zuo	27 笑 siau	28 阻 tsu	29 之 ts:	30 公 kun
31 曰 lie	32 我 uo	33 死 s:	34 有 iou	35 子 ts:	36 子 ts	37 又 iou	38 生 san	39 孫 suen	40 孫 suen
41 又 ieu	42 生 san	43 子 ts:	44 而 i	45 山 san	46 不 pu	47 加 cia	48 增 tsen	49 何 xe	50 苦 k'u
51 而 i	52 不 pu	53 平 p'in	54 操 tsau	55 蛇 se	56 之 ts:	57 神 san	58 聞 uen	59 之 ts:	60 告 kau
61 帝 ti	62 帝 ti	63 命 min	64 夸 k'ua	65 娥 ze	66 氏 si	67 二 ts	68 子 tsi	69 負 fu	70 二 z
71 山 san	72 一 i	73 厝 tauo	74 朔 suo	75 東 tun	76 一 i	77 厝 tsuo	78 雍 üin	79 南 nan	

Traduction :

Monsieur le Stupide, de la région de Mont du Nord, âgé de quatre-vingt-dix ans, se plaignait de l'incommodité de deux montagnes, le T'ai-hang et l'Ouang-ou, qui, ayant une étendue de sept cents *li* carrés, étaient situées précisément de chaque côté de sa maison. Il voulut donc les aplatir et ses voisins se moquèrent de lui.

Mais il répliqua :

« Quand je serai mort, mes fils pourront continuer mon travail ; et après, il y aura des fils succédant à mes fils, et encore des fils succédant à ces fils jusqu'à l'infini, et les montagnes ne s'accroissent jamais. Pourquoi donc ne pas les aplatir ? »

Ces paroles furent entendues par « le dieu qui porte le serpent », et celui-ci les rapporta au Maître du Ciel, par l'ordre duquel les deux montagnes furent transportées par les deux fils de K'oua-ngo-szeu, l'une à Chouo-toung, l'autre à Young-nan.

309. — Texte II, « Les Balayeurs », extrait de l'œuvre de mon collègue Monsieur *Xu-ş:* (Suh Hu) 胡適, écrivain et philosophe.

J'ai changé une dizaine de mots dans ce texte afin qu'il soit parfaitement pékinois ; l'original étant écrit en *kuo-ü*.

Pour les caractères chinois, etc., voir la Table IX ; pour les courbes, voir les planches XXIII-XXVIII.

Traduction :

Tous ceux qui ont été à Pékin se souviennent toujours des balayeurs de la ville. Sur les longs boulevards à perte de vue, et au milieu des poussières qui troublent et aveuglent les passants, les balayeurs, deux par deux, portant un grand seau d'eau, arrivent tranquillement. Ils posent le seau par terre et au moyen d'une louche en bois et à long manche, ils répandent l'eau sur la terre, louche par louche ; et ils la répandent au loin et uniformément. A l'endroit ainsi arrosé, il n'y a plus de poussière soulevée. Mais les rayons du soleil, ardents et terribles, défont tout ce travail. Comme des flammes, ils grillent les longs boulevards à perte de vue, et dans l'espace d'une petite minute, l'endroit arrosé est de nouveau sec. Alors si le vent souffle, ou bien si les automobiles passent, les poussières, qui, comme toujours, troublent et aveuglent les passants, se soulèvent et voltigent de plus belle. Ceux qui arrosent, arrosent ! ce qui grille, grille ! Et les balayeurs, vêtus de bleu et la poitrine nue, ne se désespèrent pas, malgré l'hostilité du soleil. Ils continuent à répandre l'eau, louche après louche, et ils la répandent au loin et uniformément. Ils ne rentrent que lorsque le soleil est

TABLE IX

couché et que la nuit vient; ils rentrent lentement et tranquillement, portant leur seau vide, en pensant : « Nous avons fini notre
travail d'aujourd'hui. »

310. — Ces deux textes nous révèlent un autre facteur capable
de modifier les tons; c'est le rythme de la langue.

Soit la phrase :

$$/t'a\text{-}men/\ tsai/\ t'ai\text{-}ṭ̣ṣo/\ k'un\text{-}t'un/$$
$$\text{(Texte II, mots 231-237)}$$

La division rythmique y correspond à la division logique;
chaque section contient bien un élément indépendant.

311. — Mais il n'en est pas toujours de même. Dans la phrase
no tu su 我 讀 書 (je lis le livre), la logique demanderait trois sections, puisque chacun des mots représente un sens indépendant.
Néanmoins le rythme produit une division en deux sections, si
bien que le sujet se trouve séparé du verbe :

$$/\ no/\ tu\ su/,$$
mais non : /no tu/su/.

312. — Si nous prenons une autre phrase qui soit un peu dif-
férente de celle-ci : *no tu i-pen su* 我 讀 一 本 書 (je lis un livre),
nous devrons la diviser comme suit :

$$/no\ tu/\ i\text{-}pen/\ su/.$$

Enfin, si nous prenons des noms d'origine étrangère transcrits
phonétiquement en caractères chinois, nous obtiendrons encore des
résultats curieux, qui illustreront ce phénomène anormal :

/Fa-/-lan-si/..... 法 蘭 西 ....France ;
/Ien-/-ci-li/...... 英 吉 利 ....England ;
/të-lü-/-fuen/..... 德 律 風 .....téléphone ;
/Ie-lu-/-sa-len/.... 耶 露 撒 冷 ...Jérusalem ; etc., etc.

313. — Généralement, on peut classer les divisions rythmiques de la langue chinoise en deux catégories : celles qui ne comprennent qu'un seul mot et celles qui en comprennent deux. On les appellera *divisions mineures* et *divisions majeures*.

Au cas où l'on trouve une division logique comprenant trois ou quatre mots, on peut toujours la traiter comme une combinaison de deux divisions anormales telles que :

/man-man- /-të/ (Texte II, mots 46-48).
/uan-pu- /-cin-t'eu/ (Texte II, mots 23-26).

314. — Les divisions mineures sont comparativement plus conformes à la norme que les divisions majeures. Selon les divers degrés d'importance des mots qu'elles comprennent, elles peuvent être fortes, faibles, ou bien moyennes, et n'offrent presque pas d'exceptions trop déconcertantes, c'est-à-dire qu'elles ne sont pas fortes, alors que les mots qu'elles contiennent sont de peu d'importance dans la phrase, et vice-versa.

Exemples :

Fortes : /nian/ (Texte I, mot 5),
/xuo/ (» » 26),
/tšun/ (» II, mot 9),
/sue/ (» » 70),
/t'a/ (» » 99),

Moyennes : /i/ (Texte I, mot 8),
/fan/ (» » 15),
/ü/ (» » 23),
/r̃/ (» » 44),
/fu/ (» » 69),
/-fu/ (» II, mot 21),
/na/ (» » 22),
/san/ (» » 30),
/li/ (» » 38),
/ieu/ (» » 67),

> /na/   (Texte II, mot 107),
> /saṅ/   (»   »   115),
> /na/   (»   »   144),
> /ieu/   (»   »   152),

> Faibles : /ï/   (Texte I, mot 51),
> /të/   (» II, mot 27),
> /të/   (»   »   35),
> /të/   (»   »   89),
> /xë/   (»   »   193),
> /tsai/   (»   »   233),
> /tu/   (»   »   246).

(Voir les courbes de ces exemples).

315. — Les divisions mineures sont beaucoup moins nombreuses que les divisions majeures, et de plus, il se produit assez rarement des cas où deux divisions mineures soient placées l'une à côté de l'autre.

316. — Les divisions majeures peuvent être réparties en quatre catégories :

1) Celles dont le premier mot est plus important que le deuxième :

> Exemples : /p'iṅ tṣ:/   (Texte I, mots 24-25),
> /tṣu tṣ:/   (»   »   28-29),
> /uen tṣ:/   (»   »   58-59),
> /fan ṣ:/   (» II, mots   1-2),
> /tau-kuo/   (»   »   3-4),
> /saṅ-të/   (»   »   17-18),
> /t'a-mɛn/   (»   »   39-40),
> /t'ai-tṣo/   (»   »   41-42),
> /sa-tau/   (»   »   59-60),
> /sa-të/   (»   »   63-64).

317. — 2) Celles dont le deuxième mot est plus important que le premier :

Exemples : /xĕ-k'u/   (Texte I, mots   49-50),
/-tš:- şen/   (»   »   56-57),
/ŕ tš:/   (»   »   67-68),
/ŕ şan/   (»   »   70-71),
/tĕ ren/   (» II, mots   7-8),
/i-t'uń/   (»   »   43-44),
/i-şau-/   (»   »   52-53),
/i-şau-/   (»   »   55-56),
/na şue/   (»   »   116-117),
/i-xue-/   (»   »   130-131).

318. — 3) Celles dont les deux mots sont d'égale importance :

Exemples : /tşu ru/   (Texte I, mots   19-20),
/ü-c'ü/   (»   »   21-22),
/cie-tau/   (» II, mots   15-16),
/mi-man/   (»   »   31-32),
/tşen-t'u/   (»   »   36-37),
/man-man-/   (»   »   46-47),
/cün-ün/   (»   »   68-69),
/p'ian-p'ian/   (»   »   93-94),
/sün-p'u-/   (»   »   180-181),

319. — 4) Celles dont on ne peut comparer l'importance entre les deux mots, ou, dont il est impossible de dire lequel est sémantiquement le plus important.

Exemples : /Pe-şan/   (Texte I, mots   1-2),
/Ü-kuń/   (»   »   3-4),
/T'ai-xań/   (»   »   9-10),
/Uań-u/   («   »   11-12),
/Pe-ciń/   (» II, mots   5-6),
/c'in-tau/   (»   »   19-20),
/ta-cie/   («   »   28-29),
/t'ai-iań/   (»   »   90-91),
/pań-mań/   (»   »   97-98),
/c'i-tşĕ/   (»   »   139-140).

320. — En comparant les courbes des exemples qui viennent d'être cités, on constate que les trois premières catégories sont tout à fait normales, c'est-à-dire que, lorsqu'on considère un mot comme important, on trouve en effet dans sa courbe des indications d'augmentation de force (augmentation de hauteur, de durée, d'intervalle), et vice versa. Pour la quatrième catégorie, il faut encore faire d'autres recherches; en général, c'est le premier mot qui est le plus fort; mais parfois se présentent des cas tout contraires.

321. — Lorsqu'un mot est considéré comme faible, et surtout lorsqu'un tel mot forme une division mineure et se place au milieu ou bien à la fin d'une phrase ou d'une locution, il y a les plus grandes probabilités pour qu'il soit devenu un son au ton naturel, quel que soit son ton normal (voir §§ 269-274).

CONCLUSION

322. — Ce qui précède montre que, lorsqu'un ton quelconque se trouve dans le langage courant, il peut être modifié à la fois par plusieurs facteurs et que, par conséquent, le ton libre peut être très différent du ton cardinal. Mais, pour celui qui le prononce et pour celui qui l'entend, il donne encore la même sensation. Ceci prouve que :

Nous ne parlons pas comme nous voulions parler, et nous n'entendons pas ce que nous croyons avoir entendu.

323 — Pour illustrer le véritable rôle que joue le système des tons dans la langue chinoise, il suffit de remarquer les deux faits suivants qui se contredisent :

1) Si l'on prononce une phrase quelconque de manière que tous les mots employés soient exactement dans leurs tons cardinaux, le résultat obtenu sera très imparfait : il nous semblera entendre un enfant chinois qui commence à apprendre à lire.

2) Si au contraire, on la prononce de manière qu'il n'y ait pas de ton du tout, le résultat obtenu sera encore défectueux; on dirait un missionnaire protestant américain, priant en chinois.

324. — La manière la plus naturelle de prononcer et d'émettre les sons de la langue chinoise se situe donc entre les deux précédentes. Pour obtenir ce résultat, nous devons nous reporter à l'époque où les enfants chinois apprennent à parler. Quand ils commencent à imiter des mots comme *papa*, *mama*, leurs parents prennent bien soin de les corriger, afin qu'ils puissent prononcer tous les mots imités dans leurs tons propres, c'est-à-dire les tons cardinaux. Mais, plus tard, lorsqu'ils peuvent joindre des mots ensemble pour former une phrase, ils ne les prononcent qu'à peu près ainsi, c'est-à-dire que, quoiqu'ils prennent les tons cardinaux comme base, ils ne s'y tiennent pas ; ils les laissent se modifier d'une manière ou d'une autre, en vertu des lois fatales du langage.

*
* *

325. — Pour terminer, je rappellerai que tous les sons que j'ai étudiés en tons libres, dans cette deuxième partie, ne sont que des cas particuliers. Si l'on voulait aboutir à des résultats définitifs, la seule question de rythme, par exemple, demanderait encore toute une série d'expérimentations, sur une douzaine de sujets bien choisis, et plusieurs années de travail au moins. Nous nous bornerons ici aux observations précédentes, qui ouvriront peut-être au linguiste de nouvelles perspectives pour ses recherches.

APPENDICE

I. — UN NOUVEL APPAREIL DE MESURES

Cet appareil, bien que destiné surtout à faciliter l'étude du son de la parole, est aussi utilisable pour les autres travaux où l'on veut mesurer des tracés avec une minutieuse précision (jusqu'au 1/100 de mm.); le temps employé serait très diminué et l'incommodité de l'ancienne méthode de mesure serait évitée.

Le principe de l'appareil est fort simple. Sur une planchette, spécialement faite d'après le format du papier du tracé, ou simplement sur une planchette à dessin, on place une règle métallique (RR') qui sert de T (Fig. I et II), et qui peut être fixée à la planchette à l'aide d'un fixe-T. Sur cette règle, sont installés les deux chariots (A) et (B), qui, grâce aux vis (v_1) (v_2).... (v_5) peuvent être réglés de telle sorte que leurs mouvements soient tout à fait réguliers et parallèles. Ils sont mis en relation par la petite règle (rr'), dont une extrémité est fixée au chariot (B) et dont la plus grande partie est placée entre les deux coulisses (c) et (c') du chariot (A). Grâce à la crémaillère fixée à son côté supérieur, cette règle est mise en relation avec une petite roue dentée, de telle façon que si l'on déplace le chariot (B) vers la droite de 1 mm. par exemple, la petite roue tourne vers la gauche de 1 mm. également. Une aiguille (a), 10 fois plus longue que le rayon de la roue, est fixée par une de ses extrémités au centre de cette dernière, l'extrémité libre étant posée sur le secteur (S). Par conséquent, un déplacement de 1 mm. du chariot (B) vers la droite donne un déplacement de 10 mm. de l'aiguille (a) vers la gauche et sur le secteur ; et, au moyen d'un vernier (V_1), on peut mesurer jusqu'au 1/100 de mm.

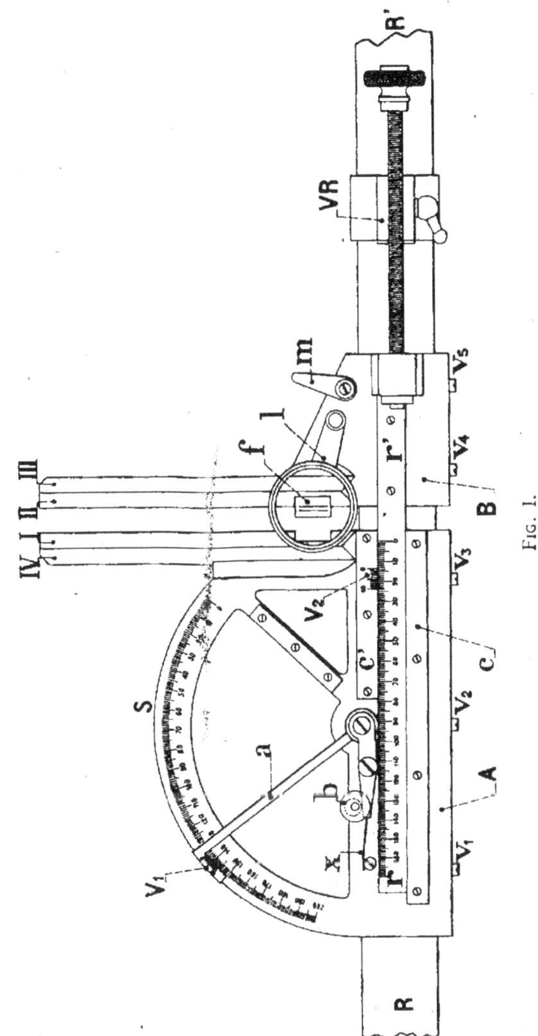
R'
VR
m
f l
IV I II III
r'
V5
V4
B
r'
V3
V2
V2
C'
c
A
V2
a
S
b
r'
V1
V1
R
FIG. 1.

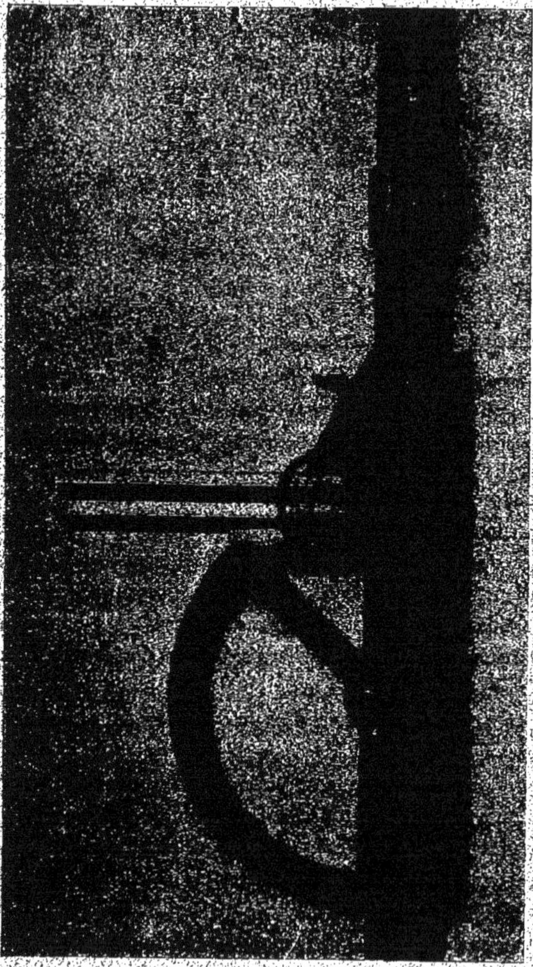

Fig. II

Ce dispositif permet de mesurer une longueur au-dessous de 20 mm.; au-dessus, on utilise la règle (rr'), qui est divisée en millimètres, de o à 170, et munie d'un vernier (V_2), permettant de mesurer jusqu'au 1/10 de mm.

Sur le chariot (B), se trouve une loupe (l), de faible puissance et détachable à volonté, puisqu'elle n'est pas indispensable, si le tracé est assez bon. Au-dessous de la loupe, est disposée une petite fenêtre (1), munie d'un verre, au dos duquel ont été tracés deux traits verticaux très fins, l'un à gauche, en rouge, l'autre à droite, en bleu, ayant entre eux une distance de 1,50 mm.

MODE D'EMPLOI

On place successivement sur la planchette le tracé à mesurer, la règle (RR'), les deux chariots, la vis de rappel (VR), de telle sorte : 1) que le tracé soit parallèle à la règle ; 2) que les deux chariots soient en contact ; 3) que l'aiguille (a) soit au o ; 4) que le commencement de la première vibration (ou bien du premier phonème) soit précisément sous le petit trait rouge.

En tournant la vis (VR), on déplace le chariot (B) vers la droite jusqu'à ce que le même trait soit arrivé sur la fin de la vibration ; et on obtient, par simple lecture, soit sur le secteur (S), soit sur la règle (rr'), la longueur mesurée. En « fermant » les deux chariots, c'est-à-dire en rapprochant le chariot (A) vers la droite jusqu'à ce qu'il soit en contact avec le chariot (B), l'aiguille (a) et la règle (rr') sont automatiquement remises au o et prêtes ainsi pour la prise de mesure suivante.

S'il s'agit simplement de mesurer en longueur, on n'a qu'à répéter cette opération. Si au contraire, on a besoin de représenter graphiquement la hauteur musicale de la parole, on se servira des quatre règles verticales qui sont divisées en logarithmes ou en logarithmes réciproques.

1er CAS : *sans calcul.* — On emploie la règle (I) pour les tracés ordinaires au tambour, et la règle (II) pour ceux des appareils Lioret et Struycken.

Après avoir obtenu la longueur d'une vibration et avant de

« fermer » les deux chariots, on cherche, sur l'une ou l'autre de ces deux règles, un trait correspondant à cette longueur. On marque avec un crayon, un petit point en contact avec ce trait, sur une bande de papier, placée parallèlement au tracé et au-dessus de lui. On ferme ensuite les deux chariots pour la vibration prochaine. On obtient ainsi une série de points qu'il suffit de joindre entre eux pour avoir la courbe cherchée.

Fig. III.

2ᵉ CAS : *avec calcul*. — On mesure les longueurs des vibrations avec l'appareil et on calcule leurs fréquences comme d'habitude. On détermine des points d'après les traits correspondants qu'on trouve sur la règle (III). S'il y a deux personnes travaillant ensemble : l'une pour mesurer et pour marquer les points, l'autre pour calculer et pour noter les longueurs et les fréquences, l'opération est mieux et plus commodement exécutée.

3ᵉ CAS : *sans calcul et exclusivement pour les tracés de très petite vitesse (50 mm. par seconde, par exemple)*. — Dès le commencement, on déplace le chariot (B), chaque fois de 1,50 mm. et l'on compte combien il y a de vibrations entre les deux petits traits : le rouge et le bleu.

Si, par exemple, on trouve 3 vibrations entières plus une fraction de 2/10 environ, on n'a qu'à marquer un point, d'après le trait correspondant à 3,2 qu'on trouve sur la règle (IV). Ce procédé est naturellement peu exact; néanmoins il peut donner des indications utiles.

[Le présent appareil ne peut mesurer que des longueurs. Sur un nouveau modèle, actuellement en construction, j'ai ajouté un dispositif pour mesurer les amplitudes. J'ai fait construire aussi un modèle simple, qui, comme une règle à calcul, est portable et sensiblement moins coûteux (Fig. III.)]

II. — UN NOUVEAU TAMBOUR

Lorsqu'il s'agit d'enregistrer très nettement les vibrations de la voix, en vue d'étudier la hauteur musicale, on constate fréquem-

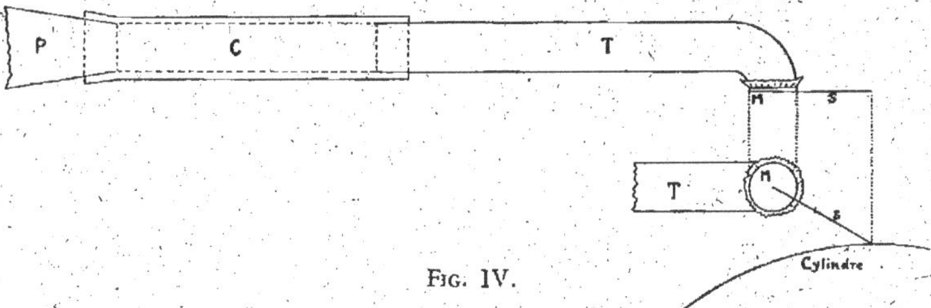

FIG. IV.

ment que les petits tambours dont on se sert d'ordinaire ne sont pas suffisamment sensibles. Si la fréquence de la voix est au-dessus de 250 V. D. par seconde, nous sommes toujours obligés de prier nos sujets de parler « plus fort et plus bas », ce qui est un inconvénient qu'on ne peut négliger, parce que, dans notre étude, ce que nous cherchons à obtenir, c'est toujours la façon de parler la plus naturelle possible. Le présent appareil est destiné à obtenir une sensibilité plus grande.

Prenons un petit tube en cuivre (T), de 12 à 15 cm. de longueur et de 15 mm. de diamètre. (Fig. IV). Courbons un de ses deux bouts d'après le croquis et posons sur ce bout une membrane de caoutchouc (M), bien fine et bien tendue. Si on peut ajouter un petit dispositif permettant de régler la tension de la membrane, ce sera mieux encore. Prenons ensuite comme style (S) une pièce de magnalium, de 40 à 45 mm. de longueur et de 5/100 de mm. d'épaisseur, et collons-la sur la membrane, après l'avoir soigneusement coupée et pliée (Fig. IV bis). A l'autre bout du tube, attachons un tube de caoutchouc (C), de 10 à 15 cm. de longueur, au bout duquel nous ajustons un petit pavillon (P), ou bien une

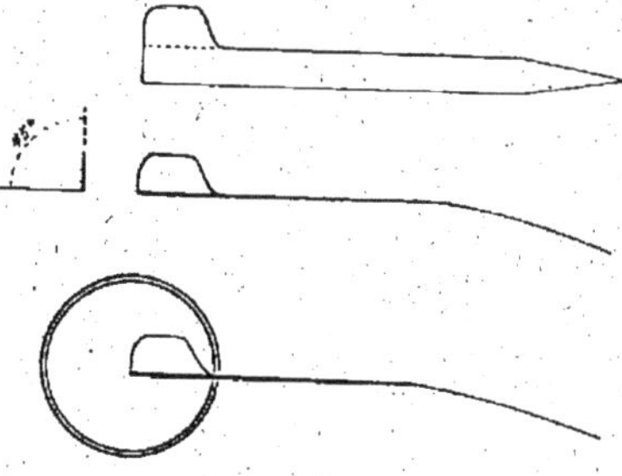

Fig. IV bis.

embouchure ordinaire, ou plutôt encore, un masque manométrique.

Sur le tube (T), à environ 10 cm. de la membrane, on perce une petite fente, de 10 mm. de longueur et de 1/2 mm. de largeur, qui, au moyen d'une glissière, peut être graduellement ouverte afin que l'air dans le tube puisse être réglé.

Les résultats obtenus avec ce tambour sont assez satisfaisants :

1) Il permet d'enregistrer presque toute voix humaine à l'état absolument naturel, les voix des deux sexes et de tous les âges.

2) Il donne les différentes formes des vibrations des divers sons mieux que les tambours ordinaires, ce qui est particulièrement utile pour étudier les diphtongues ou pour déterminer les durées des divers éléments sonores, lorsqu'ils sont prononcés d'une seule émission de voix.

3) Il permet d'inscrire les vibrations d'un diapason à bouche. Par ce moyen, on peut se passer, si on veut, d'un électro-diapason

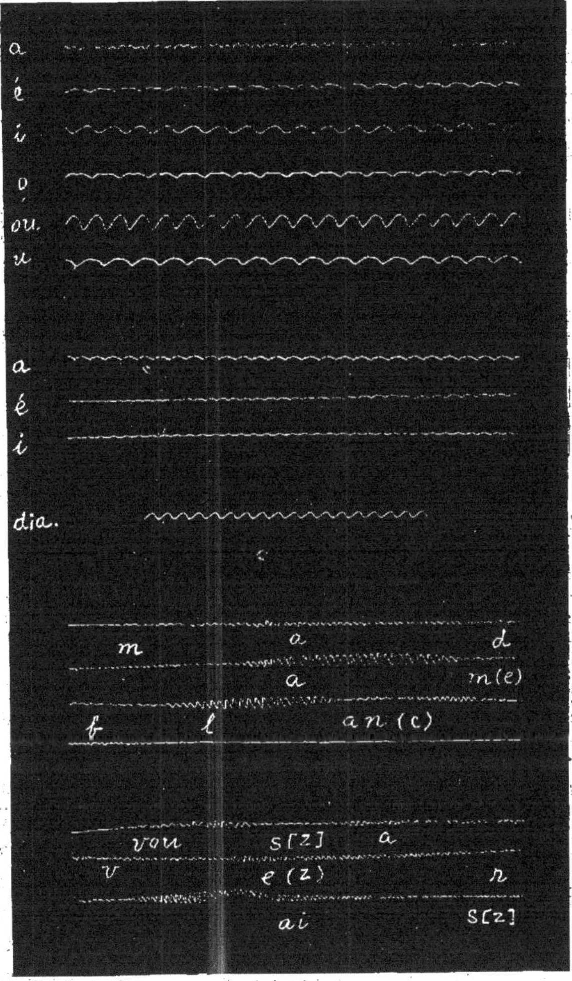

Fig. V.

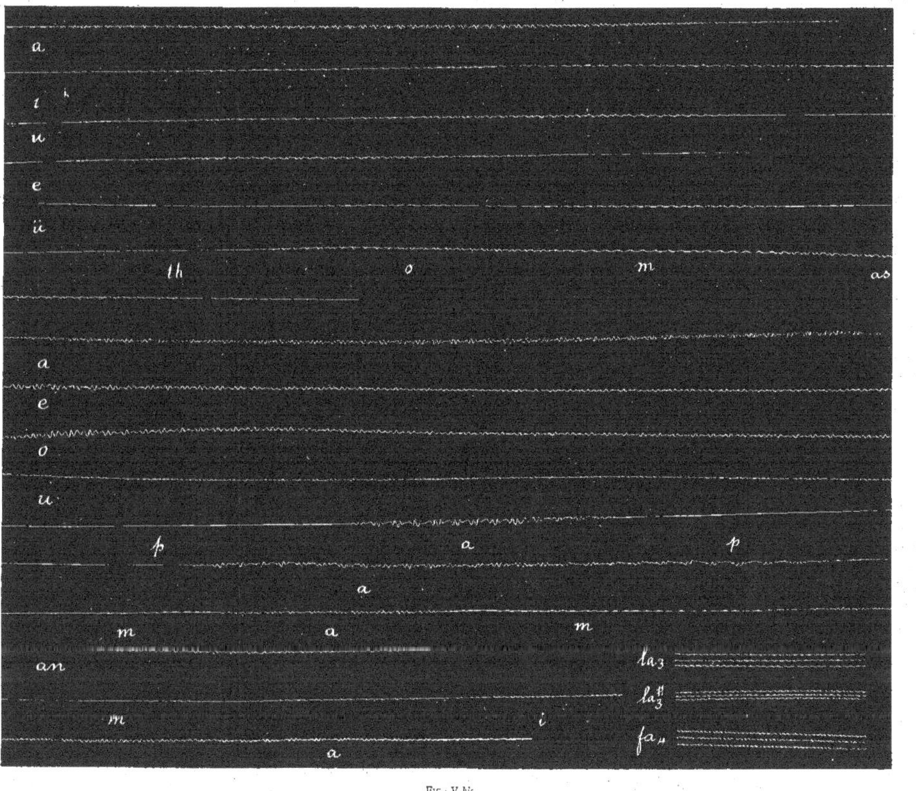

Fig. V *bis.*

et d'un signal, qui sont, d'une part trop chers pour les laboratoires ayant peu de ressources, et d'autre part, trop compliqués et trop fragiles pour les excursions.

4) Enfin, il enregistre le son du phonographe, si on attache le tube (C) au diaphragme, lequel est tenu à la main ou bien placé sur un support spécial.

Je reproduis ici quelques-uns des tracés obtenus :

(Fig. V), de haut en bas : « a », « é », « i », « o », « ou », « u », prononcés par un Français, âgé de 55 ans ; « a », « é », « i », prononcés par un petit Français de 10 ans ; diapason à bouche, 435 V. D. par seconde ; « Madame Blanc » et « vous avez rais(on) », voix de femme, disque Pathé, W. 808.

(Fig. V *bis*), « *a* », « *i* », « *u* », « *e* », « *ü* », « Thomas » (*toma*), prononcés par Madame Fu Liu ; « *a* », « *e* », « *o* », « *u* », « *papa* », « maman » (*mamā*), « *mia* », prononcés par moi-même ; diapasons : $la_3 = 435$, $la_3\# = 461$, $fa_4 = 691$ (V. D.)

TABLE DES MATIÈRES

MACON, PROTAT FRÈRES, IMPRIMEURS.